1

언어발달 촉진 프로그램

민이네 아침 풍경

활동 지침서

| 윤혜련 · 양수진 · 오세나 · 이경아 공저 |

학지사

학지사 심리검사연구소

〈언어발달 촉진 프로그램〉을 기획하며

그림책은 아동의 언어발달과 인지, 정서, 사회성 발달에 매우 큰 역할을 하는 시지각 자료다. 대부분의 아동은 첫돌이 되기 전부터 다양한 그림책을 접하게 되며, 이를 통해 어휘와 구문 등의 언어능력을 키워 갈 뿐만 아니라, 책을 읽어 주는 사람과 정서적 교감을 나누면서 사회적 관계를 형성하는 법을 배워 나간다. 영유아기에 가장 먼저 접하는 그림책은 주로 개개의 일상 사물이나 사람, 동식물 등을 소재로 하고 있으며, 이를 통해 영유아는 다양한 세상과 처음으로 만나게 된다. 아동은 연령이 높아짐에 따라서 점차 하나의 그림이 별개로 존재하는 것이 아니라 다른 그림과 다양한 관계를 가지고 구성된다는 것을 익히게 된다. 개별 어휘만으로 존재하던 사물, 사람, 사건들이 언어의 측면에서는 어휘 수준 이상의 문장이나 이야기 또는 담화의 수준으로 발전하게 되는 것이다.

대부분의 유아는 엄마와 함께 그림책을 보거나 읽는 것을 매우 좋아하며, 이러한 과정에서 자연스럽게 언어발달이 촉진된다. 그림책을 함께 보는 것은 어휘발달, 구문발달, 이야기발달, 인지발달에 도움을 줄 뿐만 아니라 유아의 상상력을 키워 주고 즐거움을 느끼게 해 주는 매우 좋은 놀이라 할 수 있다. 그런데 어떤 이유에서건 언어발달이 늦는 아동의 경우에는 그림책을 통한 활동이 재미있는 놀이가 되지 못하는 경우가 많다. 연령이 높더라도 언어 혹은 인지 발달이 늦는 경우에는, 실제 연령이 아닌 언어 및 인지 연령에 맞춰 그림책을 보아야 흥미를 느낄 수 있다. 아무리 좋은 내용의 그림책이라도 자신의 언어 및 인지 능력으로 이해하기 어렵다면 결코 좋은 그림책이라 할 수 없다. 따라서 그림책을 통한 언어발달을 촉진하기 위해서는 아동의 현 수준에 맞는 내용으로 구성된 자료의 선택이 무엇보다도 중요하다.

언어장애를 가지고 있는 아동은 개개 아동마다 그 정도와 특성에서 매우 다양한 언어문제를 나타내고 있지만, 대개 자신의 생각을 정확하고 적절하게 표현하는 것을 어려워한다. 이러한 언어표현의 어려움을 극복하도록 돕기 위해 언어치료사들은 잘 알려진 기존의 그림책을 이용하여 다양한 언어표현 활동을 시도하고 있으며 이는 매우 성공적인 촉진방법으로 평가되고 있다. 훌륭한 유아용 그림책들을 시중에서 어렵지 않게 찾을 수 있는데, 유능한 언어치료사들은 각각의 그림책을 어떤 목표의 언어발달을 촉진하기 위해 어떤 방법으로 사용하는 것이 효과적인지에 대해 다양한 연구와 노력을 진행해 왔다. 그러나 아무리 좋은 그림책이라 할지라도 처음부터 언어장애아동의 언어 촉진을 목표로 구성된 자료가 아닌 경우에는, 이를 사용하는 언어치료사들이 개별적으로 목표 어휘와 구문, 이야기의 자료를 재구성해야 하는 과정을 거쳐야 했다. 따라서 현장의 언어치료사 혹은 언어발달이 늦는 아동을 교육하고자 하는 부모님, 선생님들에게 처음부터 언어발달을 촉진시키기 위한 목표를 가지고 잘 만들어진 그림책 자료가 절실히 필요하였다.

이러한 열망을 가지고 언어치료 현장에서 매일 아동들과 만나는 윤언어교육원 언어치료사들은 오랜 논의와 시행착오를 겪으며 보다 효과적이고 효율적인 그림책 도구를 개발하게 되었고, 총 여덟 편의 이야기로 꾸며진 〈언어발달 촉진 프로그램〉으로 엮게 되었다. 〈언어발달 촉진 프로그램〉은 유치원부터 초등학교까지 아동의 일상생활을 이야기로 엮은 그림책이다. 시간의 순서에 따라 아침부터 밤

까지 여러 아동이 경험하는 상황들을 여덟 개의 장면에 담아 다양한 캐릭터와 사건으로 구성하였다. 대부분의 캐릭터는 우리의 일상생활에서 흔히 만나게 되는 친숙한 사람들이고, 그 안에서 이루어지는 행동과 사건 역시 언어연령이 5세 이상인 학령기 아동이라면 쉽게 이해할 수 있는 내용으로 구성하였다. 따라서 인지 및 언어 능력이 다소 지체된 아동이라도 이야기를 이해하는 데 큰 어려움 없이 친숙한 상황과 캐릭터들에 흥미를 느낄 수 있을 것이다. 〈언어발달 촉진 프로그램〉의 전체 구성과 대략적인 내용은 다음과 같다.

〈언어발달 촉진 프로그램〉의 구성

제목	내용
민이네 아침 풍경	3층 다세대주택에 사는 세 가구의 다양한 아침 모습
민이네 학교 수업시간 풍경	학교 수업시간(사회, 음악, 수학, 미술 등)에 아동들이 공부하고 있는 모습
민이네 학교 점심시간 풍경	학교 점심시간에 밥을 먹고 있는 아동들과 운동장에서 놀고 있는 아동들의 모습
민이네 학교 하교 풍경	수업이 끝나고 집으로 가는 아동들의 여러 가지 모습
민이네 동네 병원 풍경	소아과, 치과, 정형외과 등에서 일어나는 여러 가지 모습
민이네 동네 마트 풍경	동네 대형마트의 여러 코너에서 물건을 사거나 구경을 하고 있는 아동과 어른들의 모습
민이네 동네 상가 풍경	학원, 빵집, 음식점, 카페 등이 있는 상가를 중심으로 아동들이 경험하는 다양한 사건과 행동들
민이네 밤 풍경	하루 일과를 마치고 집에 돌아온 세 가구의 가족들이 하루를 정리하는 모습
덧붙임: 민이네 동네 전체 풍경	동네의 여러 장소를 하늘에서 내려다본 장면

각각의 상황은 그 상황에서 일어나는 이야기를 시간의 순서에 따라 이어진 내용으로 엮었으나, 이를 별개의 내용으로도 다룰 수 있도록 하기 위해 여덟 개(동네 전체 풍경을 포함하면 아홉 개)의 그림 모두를 합하지 않고 하나하나 개별 그림판에 담았다. 실제로 아동과 기존의 그림책을 사용해서 언어촉진 활동을 할 경우, 아동은 목표로 하고 있는 활동에 집중하기보다는 그림책의 다른 장면들을 여기저기 훑어보느라 주의집중이 매우 어려웠다. 따라서 개별 상황 그림들을 별도의 그림판으로 구성하여 그 그림 상황에 충분히 집중하여 활동할 수 있도록 하기 위해 모든 상황이 묶인 그림책으로 구성하지 않고 각각의 상황을 별개의 그림판으로 만들어 차례대로 모으는 형태의 그림책으로 구성하였다.

언어 촉진을 위한 언어치료 접근방법은 다양한 방법으로 분류할 수 있다. 먼저, 치료목표에 있어서 언어의 구조적인 측면을 강조할 것인지 혹은 실제 사용에서의 기능을 강조할 것인지에 따라 구조주의적 접근법과 기능주의적 접근법으로 구분할 수 있다. 또한 아동의 요구와 흥미에 따라 구성할 것인지 혹은 언어치료사가 아동의 수준에 적합하다고 판단한 목표와 활동으로 구성할 것인지에 따라 아동중심법과 치료사중심법으로 구분할 수 있으며, 두 가지 접근법을 적절하게 혼합한 절충법을 하나의 대안으로 제시할 수 있다. 또 다른 분류방법으로는 치료사와 아동이 일대일로 구성된 전통적인 개별 언어치료 접근법과 두 명 이상의 아동이 한 명 이상의 언어치료사와 활동을 하도록 하는 소그룹 언어치료 접근법으로 나눌 수 있다. 이때 개별 언어치료에서는 주로 언어의 의미, 구문, 음운 영역의 목표가 중심이 되고, 소그룹 언어치료에서는 화용, 의사소통기능과 의사소통기술 습득 등의 목표가 중심이 된다. 이런 측면에서 보았을 때 이 프로그램의 전반부는 주로 개별 언어치료 활동을 중심으로 구성하였고, 후반부는 소그룹 언어치료에서의 활용을 주요 활동으로 구성하였다.

〈언어발달 촉진 프로그램〉 여덟 편은 공통적으로 다음의 자료로 구성하였다.

- 활동 지침서: 각 상황과 단계에 따른 평가와 활용방법에 대한 설명서로, 평가하기 → 언어중재 목표 설정 → 중재활동으로 구성
- 워크북: 활동 지침서의 설명에 따라 별도의 작업 없이 목표활동에 즉시 사용할 수 있도록 만들어진 아동 개인용 워크북
- 평가와 중재 기록지: 어휘평가 목록을 비롯한 여러 가지 기록지로 구성
- 그림판: 하나의 상황을 나타내는 큰 그림판

언어장애를 가진 유치원 및 초등학교 아동들의 언어 촉진을 위해 〈언어발달 촉진 프로그램〉이 맞춤형 도움을 줄 수 있기를 기대한다.

『민이네 아침 풍경』의 구성과 활용방법

『민이네 아침 풍경』은 〈언어발달 촉진 프로그램〉의 첫 번째 이야기로, 그림 상황은 프로그램의 전체 이야기에 등장하는 주인공들이 아침 일과를 시작하는 내용이다.

『민이네 아침 풍경』은 다음의 자료로 구성하였다.

- 활동 지침서: 그림판과 워크북을 사용하여 어떻게 언어중재 활동을 할 것인지를 자세하게 설명한 지침서다. 평가하기, 언어중재 목표 설정, 중재활동의 3개 장으로 이루어져 있다.
- 워크북: 활동 지침서의 순서에 따라 '어휘촉진 활동'과 '구문촉진 활동'의 두 권으로 구성하였다. 필요한 부분을 오려서 개별 아동이 손쉽게 사용할 수 있도록 엮었다.
- 평가와 중재 기록지: 어휘평가 목록과 평가결과 기록지, 구문능력 종합평가표, 중재 목표 기록지 및 중재 결과 기록지로 구성하였다. 개별 아동에게 한 권씩 사용하기 편리하도록 별도로 엮었다.
- 그림판: 3층으로 된 다세대주택에 사는 세 가구의 가족이 등장하는 큰 그림으로, 뒷면에는 등장인물에 대한 간단한 소개가 있다.

〈언어발달 촉진 프로그램〉은 각 상황이 가지고 있는 특성에 따라 두세 가지의 중심목표를 두고 활동을 구성하였다. 『민이네 아침 풍경』에서는 다음의 두 가지 목표를 중심으로 반복적인 연습을 하도록 하였다. 첫 번째 목표는 어휘촉진으로, 초등학교 저학년 국어 교과서의 어휘를 중심으로 기본어휘와 확장어휘를 이해하고 이를 다양하게 표현하도록 구성하였다. 두 번째 목표는 구문촉진으로, 주로 관형절을 안은문장과 이어진문장 만들기를 중심으로 구문복잡성을 증진시키도록 하였다.

차 례

chapter 1
평가하기

1. 어휘 평가하기

2. 구문 평가하기

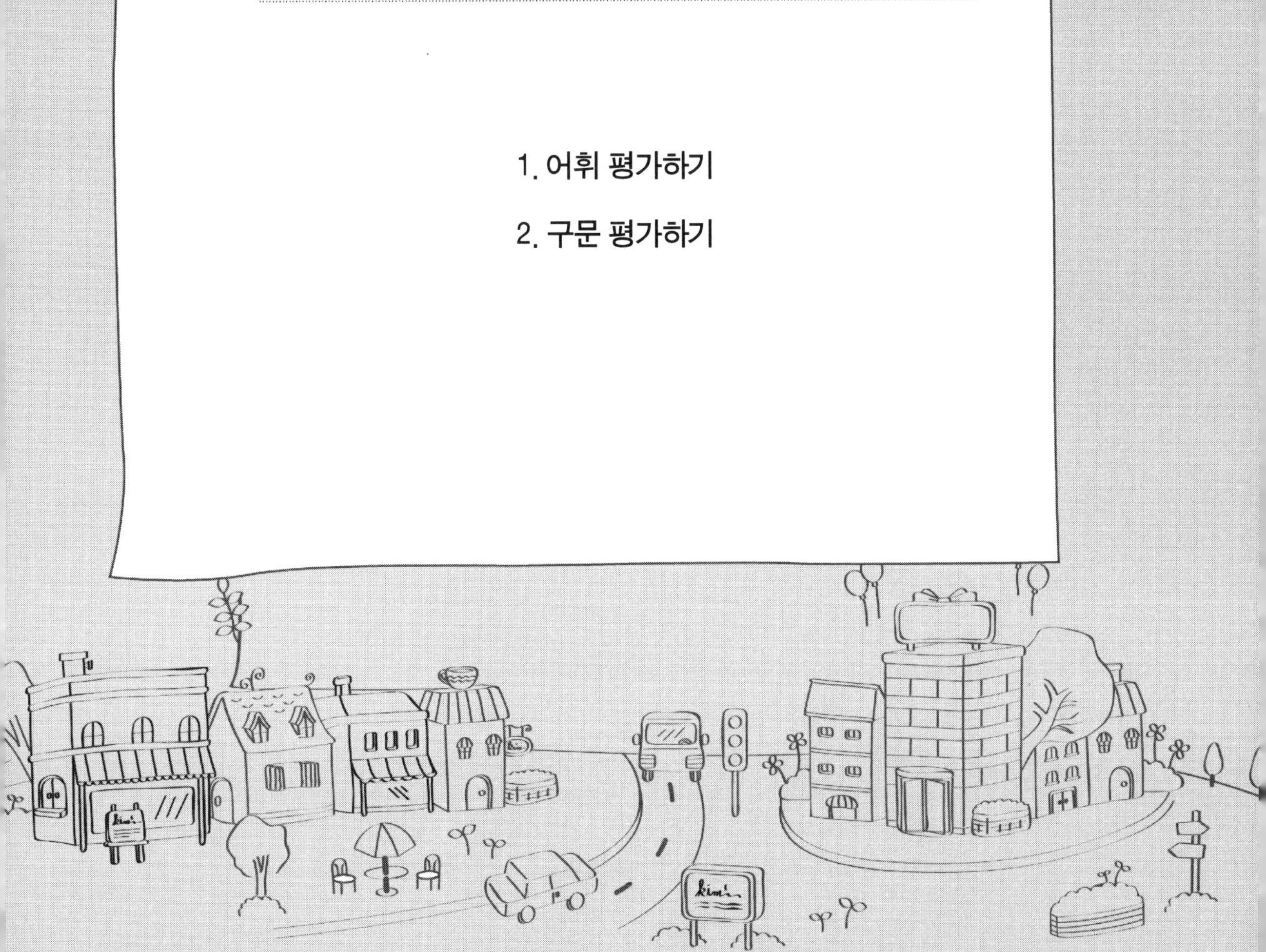

언어치료는 언어평가로부터 시작된다. 언어치료를 위한 언어평가의 일차적인 목적은, 대상 아동의 현 수준을 파악하고 이를 기초선으로 잡아 적절한 수행목표 수준인 치료목표를 설정하는 데 있다.

일반적으로 언어치료는 6개월을 단위로 장기목표를 세우는데, 〈언어발달 촉진 프로그램〉의 첫 번째 이야기인 『민이네 아침 풍경』의 경우에는 8~12회기 정도의 활동량으로 구성하되, 아동이 그림을 보고 표현을 할 때 가장 기본적으로 갖추어야 하는 어휘와 구문의 두 가지 영역에 목표를 두고 반복적으로 연습하고 표현할 수 있도록 구성하였다. 따라서 아동의 개별적인 평가결과를 토대로 아동의 수행 수준에 맞게 언어치료사가 활동의 분량을 조절하여야 한다.

일반적으로 '언어평가'란 다양한 공식검사와 비공식검사를 통해 현재 아동의 전반적인 언어능력이 어느 정도인지를 또래 아동과의 상대평가로 살펴보는 것이다. 예를 들어, 『수용·표현 어휘력 검사(REVT)』(김영태 외, 2009)로 수용어휘와 표현어휘의 발달 수준을 규준비교를 통해 살펴보고, 『구문의미 이해력 검사』(배소영 외, 2004)로 이해하는 구문의 발달 수준을 알아본다. 그렇지만 이 시리즈에서의 평가는 어휘, 구문, 화용 각 영역에 대한 아동의 전반적인 수준을 알아보는 것이 아니라, 주어진 자료 안에 포함된 어휘와 이를 활용한 구문 및 화용 과제에 대해 대상 아동이 어느 정도의 수준을 보이고 있는지를 알아보기 위한 절차다. 초기평가의 결과는 곧 치료활동을 시작하기 위한 기초선 자료가 되며, 아동의 능력에 따라 언어치료사가 주관적으로 목표 수준을 정하기 위한 근거자료가 된다. 즉, 초기평가의 결과에 따라 적절한 어휘 및 구문 등의 구체적인 목표를 설정하고 이를 수행하게 하기 위한 활동을 시작하도록 한다. 또한 아동에 따라 정해진 기간 동안 다양한 활동을 진행한 후 목표 수준에 도달하면 다음 단계의 활동으로 넘어가도록 하기 위한 자료가 되기도 한다.

1 어휘 평가하기

『민이네 아침 풍경』 그림판에 들어 있는 다양한 어휘를 소주제(장소)별 가나다 순으로 정리하여 〈평가와 중재 기록지〉의 '1. 어휘평가 목록'에 수록하였다. 장소별 평가 어휘의 개수는 〈표 1-1〉과 같다.

〈표 1-1〉 『민이네 아침 풍경』에 사용된 장소별 평가 어휘 수

<table>
<tr><th rowspan="2"></th><th rowspan="2">명사</th><th colspan="2">용언</th><th rowspan="2">전체</th></tr>
<tr><th>동사</th><th>형용사</th></tr>
<tr><td>거실</td><td>33</td><td>13</td><td>3</td><td>49</td></tr>
<tr><td>화장실</td><td>32</td><td>19</td><td>5</td><td>56</td></tr>
<tr><td>부엌</td><td>50</td><td>17</td><td>1</td><td>68</td></tr>
<tr><td>안방</td><td>23</td><td>13</td><td>5</td><td>41</td></tr>
<tr><td>아이 방</td><td>31</td><td>14</td><td>1</td><td>46</td></tr>
<tr><td>바깥</td><td>45</td><td>20</td><td>8</td><td>73</td></tr>
<tr><td rowspan="2">합계</td><td rowspan="2">214</td><td>96</td><td>23</td><td rowspan="2">333</td></tr>
<tr><td colspan="2">119</td></tr>
</table>

어휘평가 목록은 다음과 같이 구성하였다.

① **장소 분류**: 『민이네 아침 풍경』의 그림판에 나와 있는 6개의 장소—거실, 화장실, 부엌, 안방, 아이 방, 바깥—에 따라 1차 분류를 하였다. 다음으로 각 장소에서 표현된 어휘들을 가나다순으로 정리하였다.

② **품사**: 시리즈의 첫 번째인 『민이네 아침 풍경』에서는 명사, 동사 및 형용사의 세 가지로만 간략하게 분류하였다. 부사 및 관형사 등 수식언의 경우에는 다음 시리즈에서 다룬다. 최종 선정된 333개 어휘 중에서 명사는 214개(64.3%), 동사 및 형용사는 119개(35.7%)다.

③ **수준**: 초등학교 저학년 국어 교과서에 사용된 어휘들 중에서 김광해의 『등급별 국어교육용 어휘』(2008)의 분류에 따라 1~2등급의 어휘는 '기본' 수준

의 어휘로, 3~4등급의 어휘는 '확장' 수준의 어휘로 분류하였다. 전체 어휘 333개 중에서 기본어휘는 212개(63.7%), 확장어휘는 121개(36.3%)다.

④ **활용**: 용언의 경우 기본형 어휘를 기록한 다음 실제 그림책에서 사용되는 표현을 '활용' 칸에 첨가하였다. 다양하게 표현되는 유사어휘의 경우 가장 기초적인 어휘를 기준으로 어휘 목록을 작성하였다. 피동형, 사동형의 경우에도 기본형으로는 능동 및 주동의 동사를 기준으로 삼았으며, 보조용언이 포함된 경우에도 이를 '활용' 칸에 기록하였다(예: 접다-접히다, 접혀 있다). 또한 다의어로 사용되는 어휘의 경우에는 주어진 그림에서 어떤 의미로 사용된 것인지를 '활용' 칸에 적어 두었다(예: 굽다-고기를 굽다).

어휘평가는 다음의 순서로 진행한다.

1 표현어휘 평가

아동과 함께 『민이네 아침 풍경』 그림판을 보면서 아동에게 그림에 있는 것들을 자유롭게 말하도록 한다. 이때 아동의 말을 녹음한다.

〈평가와 중재 기록지〉의 '1. 어휘평가 목록'에 있는 어휘를 아동이 말한 경우에는 '표현' 항목에 평가한 날짜를 쓴 다음 '+'로 표시하고, 목록에 없는 어휘의 경우에는 목록 끝의 빈칸에 그 어휘를 써 넣는다. 만일 목록에 있는 어휘를 아동이 다른 말로 표현했다면 '아동 반응 기술하기' 항목에 그 어휘를 써 넣는다. 목록에는 있지만 아동이 자발적으로 말하지 않은 어휘들에 대해서는 선생님이 손가락으로 가리키며 "이것도 있네, 이게 뭐지?"(용언의 경우에는 "이 사람이 뭐하고 있지?" "이게 어떻게 되어 있지?")라고 물어서 아동이 대답하게 한다. 아동이 맞게 대답하면 '표현' 항목에 '+'로, 틀리게 말하면 '−'로, 모른다고 말하면 'DK'로 표시한다.

2 이해어휘 평가

〈평가와 중재 기록지〉의 '1. 어휘평가 목록'의 '표현' 항목에 '+'로 표시된 부분은 '이해' 항목에도 '+'로 표시한다. '표현'에서 '−'로 되어 있는 항목에 대해 선생님이 목표어휘를 말해 주고 아동에게 그림에서 찾도록 한다(예: "구부정한 사람은 어디 있어?" "놀이 매트는 어디에 있지?"). 아동이 목표어휘를 맞게 찾으면 '이해' 항목에 '+'로 표시하고, 틀리게 찾거나 모른다고 할 때에는 '−'로 표시한다.

〈표 1-2〉 어휘평가 목록의 예

거실	품사	수준	활용	아동 반응 기술하기	표현		이해	
					날짜	날짜	날짜	날짜
					3월 2일	월 일	3월 2일	월 일
거실	명	기본			+		+	
구부리다	동	확장		허리가 내려갔어	−		+	
구부정하다	형	확장			−		−	
끄다	형	기본	꺼지다 꺼져 있다	안 나와	−		−	
매트	명	확장	놀이 매트	까는 거	−		+	

모든 항목에 대해 평가를 마치면 아동이 표현한 어휘와 이해하고 있는 어휘의 수를 세어서 〈평가와 중재 기록지〉의 '2. 어휘평가 결과 기록지'에 기록한다. 세 가지 유형의 정반응률을 계산하여 초기평가 결과 그래프를 작성한다. 정반응률은 다음과 같이 산출한다. 단, 아동이 개인적으로 산출한 기타 어휘는 정반응률 계산에 반영하지 않는다.

전체 어휘 정반응률(%) = (아동이 정반응한 전체 어휘 수 / 333) × 100

명사 어휘 정반응률(%) = (아동이 정반응한 명사 어휘 수 / 214) × 100

동사/형용사 정반응률(%) = (아동이 정반응한 동사 +형용사 어휘 수) / 119 × 100

정반응률 그래프 작성을 마치면 양적인 어휘평가 결과를 요약하고, 주관적인 기술을 덧붙인다.

〈표 1-3〉 어휘평가 결과 기록지 작성의 예

어휘평가 결과 기록지

아동이름: 김○○

연 령: 7세 5개월

평 가 일: 2012. 5. 20.

평가자: ○○○

어휘평가 결과표

장소	전체 어휘 수(333)		명사(214)		동사/형용사(119)	
	표현	이해	표현	이해	표현	이해
거실(49)	20	30	18	25	2	5
화장실(56)	21	33	18	27	3	6
부엌(68)	23	35	18	27	5	8
안방(41)	13	22	18	18	3	4
아이 방(46)	21	27	18	19	3	8
바깥(73)	20	34	15	27	5	7
합계(333)	118	181	97	143	21	38
정반응률	35.4%	54.3%	45.3%	66.8%	17.6%	31.9%
*기타	5		3		2	

정반응률 그래프

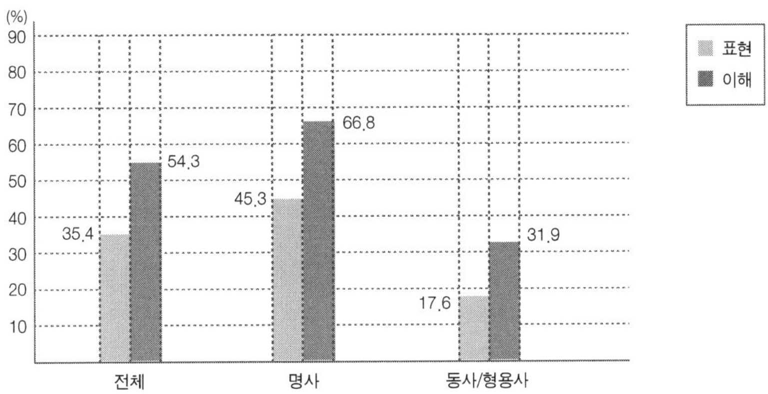

평가결과 요약: 김○○ 아동은 표현어휘는 35.4%, 이해어휘는 54.3%의 정반응 수행을 보여 주였다. 이해어휘와 표현어휘 간 차이가 20% 정도 나타났다. 아동은 명사 어휘에 비해 동사 및 형용사 어휘에서 매우 낮은 수행을 보였다.

2 구문 평가하기

구문평가의 목적은 아동이 다양한 유형의 문장구조 중에서 어떤 구조의 표현 혹은 이해에 어려움이 있는지를 찾아내고 이를 기초로 적절한 구문치료 목표를 설정하려는 데 있다. 어휘평가와 마찬가지로 구문평가 역시 이해와 표현으로 나누어 평가한다.

아동의 표현언어 발달 수준을 가늠하게 하는 가장 보편적인 평가방법은 아동의 자발화에 나타난 구문복잡성을 분석하는 것이다. 언어연령 4세 이하의 아동일 경우에는 구문복잡성의 지표로 형태소 혹은 낱말 단위의 평균발화길이를 산출한다(평균형태소길이: MLU-m, 평균낱말길이: MLU-w). 이 방법은 하나의 발화 안에 얼마나 많은 형태소 혹은 낱말을 포함하고 있는지를 양적으로 살펴봄으로써 아동의 문장구성 능력을 평가하는 유용한 구문평가 방법이다. 그러나 다양한 형태소를 다양하게 구사하는 5세 이후에는 단순히 발화의 길이를 측정하는 방법만으로는 아동의 구문능력을 정확하게 해석할 수 없다. 따라서 학령기 이후의 아동은 발화길이에 의한 양적인 방법으로 구문의 수준을 유추하며, 더불어 발화한 문장의 구조 자체를 분석하여 구문복잡성을 평가하는 것이 좋다. 이 책에서는 평균발화길이에 의한 양적인 평가가 아니라 아동이 이해하고 표현할 수 있는 구문의 유형이 무엇인지를 중심으로 하는 질적인 구문평가 방법을 선택하였다.

『민이네 아침 풍경』에서는 대등하게 이어진문장, 종속적으로 이어진문장(혹은 부사절을 안은문장), 관형절 · 명사절 · 서술절 · 인용절을 안은문장의 표현과 이해를 중심으로 평가 문항을 구성하였다. 연결어미는 의미에 따라 열 개의 유형으로 분류하였으며, 대등하게 이어진문장과 종속적으로 이어진문장을 모두 포함하였다. 부사절을 안은문장을 제외하고는 관형절을 안은문장에 조금 더 비중을 두었는데, 그 이유는 아동 입말에서 명사절, 서술절, 인용절보다 관형절의 사용이 빈번하기 때문이다.

구문평가를 시작하기에 앞서 유의하여야 할 사항은 평가항목에만 전적으로 의존하지 말고 아동의 자발화 자료를 충분히 활용해야 한다는 것이다. 왜냐하면 아동들은 실제로는 목표구문을 표현할 수 있지만 평가과정에서는 목표구문을 표현하지 않는 경우가 많기 때문이다. 구문평가의 일차 목표는 주어진 그림을 보면서 선생님의 유도에 따라 목표구문으로 표현할 수 있는가를 알아보는 것이지만, 하나의 그림을 보면서 표현할 수 있는 방법은 무한하기 때문에 여기에서 제시하고 있는 구문평가 항목들만으로 목표구문에 대한 평가를 하는 것은 매우 불완전할 것이다. 따라서 여기에서의 평가결과를 참고하여 구문구조에 대한 종합적인 평가가 이루어지도록 해야 한다.

구문평가는 다음의 순서로 진행된다.

1 구문표현 평가

아동과 함께 『민이네 아침 풍경』 그림판을 보면서 자발적으로 표현하게 하여 구문표현 평가를 실시한다. 표현과제를 실시하기 전에 아동의 최대능력을 평가할 수 있도록 하기 위해 연습과제를 한다. 선생님이 아동에게 연습과제 그림(1층 거실에서 화분에 물을 주고 있는 할아버지 그림)을 가리키며 "할아버지가 뭐해요?"라고 물어본다. 아동이 "물 줘."라고 간단하게 대답하면, "할아버지가 거실에서 꽃에 물을 주고 있어요."라고 적절한 모델링을 해 주고 아동에게도 선생님처럼 길게 이야기해 달라고 한다.

각 문항의 목표문장과 유도 질문은 〈표 1-4〉와 같다. 이때 아동의 표현을 녹음하고 〈평가와 중재 기록지〉의 '3. 구문평가 결과 기록지'의 '아동 표현' 항목에 전사하도록 한다. 아동이 목표문장대로 말하면 그 문항을 이해하고 말한 것으로 간주하여 이해평가는 실시하지 않는다.

〈표 1-4〉 구문표현 평가문항 및 유도 질문

	그림 자료	유도 질문 / 목표문장	목표 연결어미
1	3층 거실, 화장실	**질문** 아빠랑 아이는 뭐해? 아빠는 신문 보고, 아이는 책 봐요.	**나열** -고
2	3층 안방	**질문** 엄마가 거울을 보네. 화장도 하네. 엄마가 뭐하고 있어? 엄마가 거울을 보면서 화장해요.	**동시** -면서, -며
3	1층 화장실	**질문** 아빠가 머리 감겨 주네. 비누칠도 했구나. 물도 틀었구나. 아빠가 뭐하고 있어? 비누칠을 하고 나서 물을 틀었어요.	**순서/계기** -고
4	바깥 아저씨	**질문** 아저씨가 핸드폰을 떨어뜨렸네. 어쩌다 그랬지? 아저씨가 걸어가다가 핸드폰을 떨어뜨려요.	**전환** -다가, -다
5	2층 안방, 3층 안방	**질문** 이 방에는 침대가 있네. 이 방에도 있어? (손가락으로 침대가 있는 방과 없는 방을 번갈아 가리키며) 이 방에는 침대가 있지만, 이 방에는 없어요.	**대조** -나, -지만
6	1층 아이 방	**질문** 얘는 왜 얼굴을 찡그리고 있지? 아이가 머리가 아파서 찡그리고 있어요.	**이유/원인** -(어/아)서, -니, -니까, -므로
7	바깥 아줌마	**질문** 이 아줌마는 왜 운동을 해야 할까? 날씬해지려면 운동을 해야 해요.	**조건** -려면
8	바깥 남학생	**질문** 이 남학생은 친구랑 같이 학교에 갈 거래. 남학생은 왜 여기서 기다리고 있지? 친구와 같이 학교에 가려고 기다리고 있어요.	**목적** -(으)려고
9	1층 아이 방	**질문** 언니는 어떤 날에는 1층에서 자고, 어떤 날에는 2층에서 잔대. 오늘 언니는 침대 어느 층에서 잘까? 언니는 아래층 침대에서 자거나 위층 침대에서 자요.	**선택** -거나, -든지
10	2층 부엌	**질문** 얘가 배가 고픈가 봐. 어른보다 먼저 밥을 먹고 있네. 얘는 어떻게 해야 하지? 배 고파도 기다려야 돼요.	**양보** -(어/아)도, -ㄹ지라도, -더라도

11	3층 거실	질문 누가 초록 옷을 입었어? 신문 보고 있는 사람이 초록 옷을 입었어요.	관형절을 안은문장
12	3층 안방	질문 누가 엄마야? 화장하고 있는 사람이 엄마예요.	관형절을 안은문장
13	3층 거실과 3층 안방	질문 아빠는 신문 보기를 좋아하신대. 엄마는 뭘 좋아하시는 것 같아? (손가락으로 화장하는 엄마를 가리킴) 엄마는 화장하는 것을 (혹은 화장하기를) 좋아해요.	명사절 혹은 관형절을 안은문장
14	바깥 아줌마와 아가씨	질문 이 아가씨는 몸이 날씬하네. 이 아줌마는 어때? 이 아줌마는 몸이 뚱뚱해요.	서술절을 안은문장
15	바깥 아줌마와 아가씨	질문 아줌마는 아가씨한테 얼른 오라고 했대. 아가씨는 아줌마한테 뭐라고 말할까? 아가씨가 아줌마한테 잘 따라가고 있다고 말해요.	인용절을 안은문장

2 구문이해 평가

구문표현 평가를 마친 후에는 목표문장을 말하지 못한 평가문항에 대해 구문이해 평가를 실시한다. 이해평가는 두 단계로 진행한다.

① 틀린 부분 찾아 고치기

㉮ 아동이 목표문장대로 표현하지 못한 그림을 보여 주며, "선생님이 이 그림이 어떤 그림인지 이야기할 건데, 일부러 틀리게 말할 거야. 그러면 ○○이가 다 듣고 나서 어디가 틀렸는지 알려 줘. 그리고 틀린 말을 고쳐서 다시 말해 줘."라고 말한다.

㉯ 아동이 틀린 부분을 찾아서 맞게 고치면 〈평가와 중재 기록지〉의 '3. 구문 평가 결과 기록지'의 이해평가 '고치기' 평가 칸에 '+'로 표시한다. 만일 아동이 틀린 부분은 찾았지만 맞게 고치지 못하면 '±'로 표시하고 아동이 고친 내용을 기록한다. 틀린 부분도 찾지 못했을 경우에는 '−'로 표시하고 아

동의 표현을 기록한다. '+'로 표시된 경우에는 다음 단계로 가지 않고 평가를 마친다. '±' 또는 '−'로 표시된 문항에 대해서는 다음 단계인 '따라 말하기' 과제를 실시한다.

② 따라 말하기

㉮ '고치기' 과제 중 아동이 수행하지 못한 문항의 그림을 보여 주며, "선생님이 말하는 걸 잘 듣고 선생님이랑 똑같이 말해 주세요."라고 말한다.

㉯ 아동에게 그림에 해당하는 목표문장을 천천히 들려주고 따라 말하게 한다. 아동이 목표구문(밑줄 그은 부분)을 정확히 따라 말하면 '따라 말하기' 평가 칸에 '+'로 표시하고, 정확하게 따라 말하지 못하면 '−'로 표시하고 아동의 표현을 기록한다.

3 구문평가 결과 기록

구문평가를 위한 평가항목과 평가결과는 〈평가와 중개 기록지〉의 '3. 구문평가 결과 기록지'에 기록한다. 평가의 예는 〈표 1−5〉와 같다.

〈표 1-5〉 구문평가 결과 기록의 예

아동이름: 김○○ (여) **연령:** 6세 8개월 **평가일:** 2012. 4. 6. **평가자:** 이○○

	목표문장/틀린 문장	표현		이해			
		아동 표현	평가	고치기		따라 말하기	
				고친 내용	평가	아동 표현	평가
1	아빠는 신문 보고, 아이는 책 봐요. 아빠는 신문 보다가 아이는 책 봐요.	아빠는 신문 보고, 아이는 책 봐요.	+		+		+
2	엄마가 거울을 보면서 화장을 해요. 엄마가 거울을 보지만 화장을 해요.	엄마가 거울을 보면서 화장을 해요.	+		+		+
3	비누칠을 하고 나서 물을 틀었어요. 비누칠을 하려면 물을 틀었어요.	비누칠을 하고 물을 틀어요.	+		+		+
4	아저씨가 걸어가다가 핸드폰을 떨어뜨려요. 아저씨가 걸어가려고 핸드폰을 떨어뜨려요.	아저씨가 핸드폰을 떨어졌어요.	–		+		+
5	이 방에는 침대가 있지만, 이 방에는 없어요. 이 방에는 침대가 있어서 이 방에는 없어요.	침대가 있어요. 여기 없어요.	–	있어도	±		+
6	아이가 머리가 아파서 찡그리고 있어요. 아이가 머리가 아프거나 찡그리고 있어요.	머리가 아파요.	–	아프니까	+		+
7	날씬해지려면 열심히 운동해야 돼요. 날씬해지면서 열심히 운동해야 돼요.	날씬해요.	–	날씬해요	–	날씬해서 열심히 운동해요.	–
8	친구와 같이 학교에 가려고 기다려요. 친구와 같이 학교에 가서 기다려요.	같이 학교에 갈 거예요. 기다려요.	–		+		+
9	언니는 아래층 침대에서 자거나 위층 침대에서 자요. 언니는 아래층 침대에서 자니까 위층 침대에서 자요.	몰라요.	–	몰라요	–	언니는 아래층에서 자고 위층에서 자요.	–
10	배가 고파도 기다려야 돼요. 배가 고프려고 기다려야 돼요.	배가 고프고 기다려야죠.	–	고파서	–	고파요.	–
11	신문 보고 있는 사람이 초록 옷을 입었어요. 신문 보고 있는 사람이 빨간색 옷을 입었어요.	신문을 보고 초록색 옷이에요.	–	초록색이에요	+		+
12	화장하고 있는 사람이 엄마예요. 화장하고 있는 사람이 아빠예요.	화장하고 있는 사람이 엄마예요.	+		+		+
13	엄마는 화장하기를 좋아해요. 엄마는 화장하는 좋아요.	화장해요.	–	화장하는 거예요	–	엄마가 좋아하는 화장이에요.	–
14	이 아줌마는 몸이 뚱뚱해요. 이 아줌마는 몸을 뚱뚱해요.	아줌마는 뚱뚱해요.	–	배를 뚱뚱해요	–	이 아줌마는 몸이 뚱뚱해요.	+
15	아가씨가 아줌마한테 잘 따라가고 있다고 말해요. 아가씨가 아줌마한테 잘 따라가서 말해요.	얼른 오세요.	–	잘 따라가요	–	잘 따라가요.	–

4 구문평가 결과 분석하기

〈평가와 중재 기록지〉의 '3. 구문평가 결과지'를 기초로 다음과 같은 절차에 따라 아동의 구문능력을 종합평가하여 〈평가와 중재 기록지〉의 '4. 구문능력 종합평가표'에 작성한다. 종합평가표 작성의 예는 〈표 1-6〉과 같다.

① 구문 표현

㉮ 〈표 1-4〉의 구문표현 평가절차에 따라 아동이 자발적으로 말한 내용을 '구문평가 결과 요약' 표의 아동 발화 항목에 전사한다. 이때의 자발화는 〈표 1-4〉의 질문에 대한 아동의 일차적인 반응을 의미한다.

㉯ 정확률

전사한 문장이 평가문항의 목표문장과 동일한지의 여부를 평가하여 '정확성' 항목에 '+' 또는 '-'로 써 넣는다.

15개의 문장 모두에 대한 정확도를 평가한 후 전체 문항에 대한 정확률을 산출한다. 정확률은 정반응 문항 수를 전체 문항(15)으로 나눈 후 100을 곱하여 산출한다(정확률 = (정반응 문항 수/전체 문항 수) × 100). 예를 들어, 아동이 4개의 문항에서 목표문장과 같은 정반응을 했다면 아동의 정확률은 (4/15) × 100 = 26.6%로 산출한다(〈표 1-6〉의 예 참조).

- 예 1: 목표문장이 "배가 고파도 기다려야 돼요."인데, 아동이 "배가 고프고 기다려야죠."라고 말했다면 정확도는 오반응('-')으로 평가한다.
- 예 2: 목표문장이 "아저씨가 걸어가다가 핸드폰을 떨어뜨렸어요."인데, 아동이 "아저씨가 조심하지 않아서요."라고 말했다면 대화의 문맥상 아동의 반응은 정반응이라고 할 수 있다. 그러나 이 문항에서의 평가내용은 '-다가'라는 연결어미의 사용을 알아보기 위한 것이므로 일단은 목표문장에 대한 정확도는 오반응('-')으로 처리한다.

㉰ 복문 비율

전사한 문장이 단문인지 복문인지를 분석하여 '문장유형' 항목에 기재한다. 만일 아동이 목표문장이 아닌 다른 문장을 말했더라도 문장유형이 복문인 경우에는 복문으로 분석한다.

15개의 문장 모두에 대한 문장유형을 평가한 후 전체 문항에 대한 복문 비율을 산출한다. 이때 한 문항에 대해 2개 이상의 단문을 말한 경우에는 각각의 단문으로 처리하여 계산한다. 복문비율은 복문 문항수를 전체 문항(복문+단문)으로 나눈 후 100을 곱하여 산출한다(복문 비율 = 복문 문항 수/(복문 문항 수+단문 문항 수) × 100). 예를 들어, 아동이 5개의 문항을 복문으로 발화하고 나머지 문항에서 1~2개의 단문으로 발화하여 총 단문의 발화 수가 13개였다면 아동 발화의 복문 비율은 {5/(5+13)} × 100 = 27.7%다(〈표 1-6〉의 예 참조).

- 예 1: 목표문장이 "배가 고파도 기다려야 돼요."인데, 아동이 "배가 고프고 기다려야죠."라고 말했다면 정확도는 오반응('-')이지만 문장유형은 복문으로 분석한다.
- 예 2: 목표문장이 "아저씨가 걸어가다가 핸드폰을 떨어뜨렸어요."인데, 아동이 "조심하지 않아서요."라고 말했다면 "(아저씨가) 조심하지 않아서 (떨어뜨렸다)."의 문장으로 보아 복문으로 분석한다.
- 예 3: 목표문장이 "아빠는 신문 보고 아이는 책 봐요."인데, 아동이 "아빠가 신문 봐요. 또 아이가 책 봐요."라고 말했다면 2개의 단문을 말했으므로 문장유형에는 단문으로 기록한다. 복문 비율 계산에서는 2개의 단문으로 처리하여 전체 단문의 수에 합산한다.

㉣ 평균낱말길이(MLU-w)

15문항에 대한 아동의 발화 각각에 사용된 낱말의 수를 분석하여 '낱말 수' 칸에 써 넣는다. 만일 한 문항에 대해 2개 이상의 발화로 나누어 말한 경우에는 각각의 낱말 수를 별도로 기록하여 전체 낱말 수에 합산한다. 이때 전체 발화 수는 아동의 실제 발화 수로 계산한다.

평균낱말길이(MLU-w)는 각 발화에 대한 낱말의 합을 전체 발화 수로 나누어 산출한 후 기록지에 적는다.

- 예 1: 목표문장이 "아빠는 신문 보고 아이는 책 봐요."인데, 아동이 "아빠가 신문 봐요. 또 아이가 책 봐요."라고 말했다면 2개의 발화로 나누어 첫 번째 발화에서는 4개의 낱말을, 두 번째 발화에서는 5개의 낱말을 말한 것으로 계산한다.

- 예 2: 평가문항은 15개이지만 아동의 실제 발화가 18개이고 각 발화에 표현된 낱말의 합계가 60개라면, 평균낱말길이(MLU-w)는 60/18 = 3.33이다.

② 구문 이해

㉮ 15개의 평가문항 중 아동이 목표구문으로 표현한 경우에는 구문표현과 더불어 구문이해 역시 정반응한 것으로 간주한다. 만일 아동이 목표구문을 정확하게 표현하지는 못했지만 고치기 과제 혹은 따라 말하기 과제에서 정반응을 한 경우에는 각각의 이해 과제를 수행한 것으로 간주한다.

㉯ 정확률: 고치기 과제 및 따라 말하기 과제에서의 정확률을 산출한다. 정확률은 각 과제에 대한 아동의 정반응 문항 수를 전체 문항 수(15)로 나눈 후 100을 곱하여 산출한다.

- 예: 〈표 1-5〉의 예에서, 이해 과제 중 고치기 과제에서의 정반응 문항이 8개이므로 정확률은 (8/15) × 100 = 53.3%다. 따라 말하기 과제에서의 정반응 문항은 10개이므로 정확률은 (10/15) × 100 = 66.6%다.

③ 참고 사항

15개의 평가문항에 대한 분석과는 별도로, 아동이 주어진 평가항목에서는 목표구문을 표현하지 못했지만 평가 중 혹은 치료과정 중에 평가항목의 연결어미와 문장유형을 아동이 자발적으로 한 번이라도 말했다면 그 예문을 '참고 사항' 표에 기록한다. 이때 구체적으로 아동이 사용한 연결어미가 무엇인지도 표시해 놓는다. '이해' 평가 역시 15개의 평가문항에서는 발견하지 못했지만 실제로 아동이 해당 연결어미와 문장유형을 이해하여 반응을 하는 경우에는 이를 기록한다. 연결어미 각각의 유형을 구체적으로 평가하여 기술해 두는 것은 중재목표 설정에 큰 도움을 준다.

④ 평가 결과 요약

15개의 평가문항과 참고 사항을 종합하여 아동이 현재 보이고 있는 구문능력을 이해와 표현으로 나누어 '평가 결과 요약' 칸에 종합적으로 기술한다.

〈표 1-6〉 구문능력 종합평가표 작성의 예

아동이름: 김○○　　**연　령:** 6세 8개월

평 가 일: 이○○　　**평가자:** 2012. 4. 6.

구문평가 결과 요약

문항	아동 발화	표현			이해	
		정확성	문장유형	낱말 수	고치기	따라 말하기
1	아빠는 신문 보고 아이는 책 봐요.	+	복문	8	+	+
2	엄마 거울 보면서 화장해요.	+	복문	4	+	+
3	비누칠을 하고 물을 틀어요.	+	복문	7	+	+
4	아저씨가 핸드폰을 떨어졌어요.	−	단문	5	+	+
5	침대가 있어요. 여기 없어요.	−	단문 단문	3 2	−	+
6	머리가 아파요.	−	단문	3	+	+
7	날씬해요.	−	단문	1	−	−
8	같이 학교에 갈 거예요. 기다려요.	−	단문 단문	4 1	+	+
9	몰라요.	−	단문	1	−	−
10	배가 고프고 기다려야죠.	−	복문	4	−	−
11	신문보고. 초록색 옷이에요.	−	단문 단문	2 4	+	+
12	화장하는 사람이 엄마예요.	+	복문	5	+	+
13	화장해요.	−	단문	1	−	−
14	아줌마는 뚱뚱해요.	−	단문	3	−	+
15	얼른 오세요.	−	단문	2	−	−
요약		정확률 4/15×100 =26.6%	복문 비율 5/18×100= 27.7%	MLU-w 60/18= 3.33	정확률 8/15×100= 53.3%	정확률 10/15×100 =66.6%

참고 사항

	의미	연결어미 유형	표현	이해
			아동 표현의 예	평가
연결어미	나열	-고, -며, -면서	엄마가 자구 아빠가 세수하구	'-고' +
	동시	-면서, -며, -자, -자마자	내가 울면서 그랬어	'-면서' +
	순서/계기	-고, -(어/아)서	이거 먹구 갈 거야	종종 혼동함
	전환	-다가, -다	빨리 뛰어가다가 넘어졌어	'-다가' 이해 정확
	대조	-나, -지만	이거 아니지만 괜찮아	
	이유/원인	-(어/아)서, -니, -니까, -므로	넘어져서 다쳤어	표현 자주 하나 이해는 부족함
	조건	-면, -려면, -(어/아)야	이거 먹으면 안 돼	
	목적	-러, 려고, -도록, -게	갈라구 옷 입었어	
	선택	-거나, -든지	.	-
	양보	-(어/아)도, -ㄹ지라도, -더라도	.	-
문장 유형	대등하게 이어진 문장		이거는 내 거구, 이거는 엄마 거야.	+
	부사절을 안은문장		이거 먹으면 안 돼	연결어미에 따라 차이 큼
	관형절을 안은문장		.	문장 길이가 길어지면 어려움
	명사절을 안은문장		.	-
	서술절을 안은문장		.	-
	인용절을 안은문장		엄마가 싫다고 그랬어	혼동

평가 결과 요약

김○○ 아동은 또래에 비해 구문의 이해와 표현에 지체를 보였다. 평가 과제에 대한 정확률은 표현에서는 26.6%, 이해에서는 고치기 과제에서 53.3%, 따라 말하기 과제에서 66.6%였으며, 복문 비율은 27.7%, MLU-w는 3.33을 나타냈다. 평가 과제가 아닌 대화를 통한 자발화에서는 좀 더 다양한 복문을 산출하였으며, 다양한 연결어미가 관찰되었다. 그러나 전체적으로 단문을 위주로 표현을 하며, 연결어미를 창의적으로 사용하기보다는 문장 전체를 통째로 외워서 사용하는 경우가 종종 관찰되었다. 문장 길이가 길어지면 문장의 이해에 어려움을 보였다.

chapter 2

언어중재 목표 설정

1. 어휘중재 목표 설정하기

2. 구문중재 목표 설정하기

1 어휘중재 목표 설정하기

'어휘평가 결과 기록지'를 참고로 아동의 수준에 맞는 어휘중재 수준을 적절하게 결정한다. 예를 들어, 초등학교 1학년인 대상 아동의 현재 이해어휘 정반응률이 30% 수준이고 표현어휘 정반응률이 15% 수준으로 평가된 경우, 중재목표 어휘는 다음과 같은 절차로 선정한다.

① 이해하고 있지만 표현하지 못한 어휘를 찾아 최우선의 목표어휘로 정한다. 이때 표현어휘의 목표 정반응률은 이해어휘와 동일한 최소 30% 수준으로 설정한다.
② 기본어휘 중에서 이해하지 못하는 어휘의 목록을 살펴본 후, 우선적으로 중재해야 할 어휘의 목록을 정한다.
③ 최초 정반응 수행률이 50%를 넘는 경우에는 기본어휘만을 중심으로 목표를 설정하지 말고 확장어휘 중에서도 목표어휘를 선정하는 것이 좋다.
④ 이해어휘 수준과 표현어휘 수준의 차이가 30% 이상 크게 나타나는 경우에는 새로운 어휘의 이해보다는 이미 이해하고 있는 어휘를 표현하게 하는 것을 우선 목표로 삼는 것이 좋다.
⑤ 명사에서는 높은 수행률을 보이지만 동사 · 형용사에서는 명사에 비해 크게 낮은 수행률을 나타내는 경우에는 용언을 강조하여 목표 설정을 한다.
⑥ 목표어휘를 모두 선정한 후 목표어휘의 수를 세어서 〈평가와 중재 기록지〉의 '5. 어휘중재 목표 기록지'의 '중재목표 어휘 요약' 표에 써 넣는다. 이때 좌측의 흰색 칸에는 이미 정반응한 기초선의 이해 및 표현 어휘의 수를 쓰고, 우측의 칸에는 새로 중재하고자 하는 어휘의 수를 써 넣는다. '기존+새 어휘 수 합계' 칸에 이미 정반응한 어휘 수와 새로 중재하고자 하는 어휘 수를 합산한 수를 써 넣고 어휘중재 목표 정반응률을 산출한다. 마지막으로 목표어휘의 양과 특성을 조정하여 아동에 따라 정해진 일정 기간(예 8회기) 동안의 어휘중재 목표 목록을 작성한다(예 〈표 2-1〉 〈평가와 중재 기록지〉 '5. 어휘중재 목표 기록지' 참조).

〈표 2-1〉 어휘중재 목표 기록지의 예

아동이름: 김○○

작 성 자: 오○○

작성일자: 2012. 4. 5

치료기간: 2011.4.10~ 5.10(8회기)

아동의 현 수준:

전체 어휘에 대한 정반응률: 이해(54.3 %) 표현(35.4 %)

품사별 정반응률: 명사 (이해 66.8 % 표현 45.3 %) 동사 · 형용사 (이해 31.9 % 표현 17.6 %)

중재목표 어휘 요약

장소	전체 어휘 수(333)				명사(214)				동사/형용사(119)			
	표현		이해		표현		이해		표현		이해	
거실(49)	20	10	30	2	18	7	25	1	2	3	5	1
화장실(56)	21	12	33	3	18	10	27	2	3	2	6	1
부엌(68)	23	10	35	3	18	7	27	1	5	3	8	2
안방(41)	13	10	22	2	10	6	18	1	3	4	4	1
아이 방(46)	21	6	27	3	18	3	19	1	3	3	8	2
바깥(76)	20	12	34	3	15	9	27	1	5	3	7	2
합계	118	60	181	16	97	42	143	7	21	18	38	9
기존+새 어휘 수 합계(333)	178 / 333		197 / 333		139 / 214		150 / 214		39 / 119		47 / 119	
목표 정반응률	53.4%		59.1%		64.9%		70.0%		32.7%		39.4%	

어휘중재 목표

회기	날짜	목표	세부목표 어휘 목록
1	4/10	거실 표현어휘 10개, 이해어휘 2개	표현: 구부리다, 방송, 보도, 부지런하다, 세우다, 아나운서, 어항, 어지르다, 유모차, 화분 이해: 물뿌리개, 주름살
2			
3			
4			
5			
6			
7			
8			

2 구문중재 목표 설정하기

'구문능력 종합평가표'를 참고로 아동의 구문 이해와 표현을 향상시키기 위한 구문중재 목표를 다음과 같은 방법으로 설정한다.

① '구문능력 종합평가표'의 결과에 따라 아동이 표현할 수 있는 구문과 전혀 표현하지 않는 구문이 무엇인지를 파악한 다음 구체적인 연결어미를 중심으로 목표를 설정한다. 이때 아동이 바르게 표현하지는 못했지만 틀린 부분을 찾아내어 바르게 고칠 수 있었던 연결어미부터 시작하는 것이 좋다. 예를 들어, 표현 과제에서는 "아저씨가 걸어가다가 핸드폰을 떨어뜨렸어요."의 '-다가'를 자발적으로 표현하지 못했지만 이해 과제 중 고치기 과제에서 정반응을 한 아동의 경우, 연결어미 '-다가'를 표현하는 것을 최우선의 목표로 삼을 수 있다.

② 마지막 평가 단계인 이해 과제 중 따라 말하기 과제에서도 오반응을 보인 경우에는, 해당 연결어미 혹은 문장유형의 구문 이해를 최우선의 목표로 삼는다.

③ 문장 길이를 양적으로 늘려 주기 위한 목표 설정으로는 아동의 평균낱말길이(MLU-w)를 중심으로 접근하는 것도 유용한 방법이 될 수 있다. 이때는 현재 아동의 구문 수준에서 2~3개의 낱말(혹은 3~5개의 형태소)이 더 포함되는 수준으로 목표를 설정하여 아동의 발화 길이를 늘리기 위한 활동을 준비하도록 한다. 아동이 자발적으로 말할 수 있는 가장 긴 구문을 기록하고, 목표구문을 그와 유사한 구문으로 설정하는 것도 도움이 된다.

④ 문장의 구조를 좀 더 세련되고 복잡하게 하기 위한 목표를 설정할 경우에는 현재 아동이 보이고 있는 복문 비율보다 10~15% 정도 높은 복문 비율로 목표를 정한다. 예를 들어, 아동의 평가 시 복문 비율이 27.7%인 경우, 35~40% 정도의 복문 비율을 목표로 정하는 것이 좋다.

⑤ 『민이네 아침 풍경』에서는 다양한 구문중재 목표 중에서 주로 '관형절을 안은문장'과 몇 가지 연결어미를 사용한 부사절 만들기를 중심으로 활동을 구

성하였으므로 구체적인 목표를 설정할 때에 이를 참고하도록 한다.

⑥ 위와 같은 방법으로 구문중재 목표를 설정하고 다음의 〈표 2-2〉의 예와 같이 정리한다(〈평가와 중재 기록지〉의 '6. 구문중재 목표 기록지' 참조).

〈표 2-2〉 구문중재 목표 기록지의 예

아동이름: 김○○　　　작 성 자: 양○○

작성일자: 2011. 5. 20　　　치료기간: 2011. 6. 1 ~ 7. 30(8회기)

아동의 현 수준 요약표:

평가과제 정확률: 표현 22.5 %　이해 (고치기) 45 %　(따라 말하기) 55 %

MLU-w: 4.22　　복문 비율: 23%

연결어미: 나열(이해/표현)　동시(이해/표현)　순서 · 계기(이해/표현)
전환(이해/표현)　대조(이해/표현)　이유 · 원인(이해/표현)
조건(이해/표현)　목적(이해/표현)　선택(이해/표현)
양보(이해/표현)

문장유형: 대등하게 이어진문장(이해/표현)　부사절을 안은문장(이해/표현)
관형절을 안은문장(이해/표현)　명사절을 안은문장(이해/표현)
서술절을 안은문장(이해/표현)　인용절을 안은문장(이해/표현)

구문중재 목표

	구문목표	활동	언어영역
1	그림을 보고 연결어미 '-다가'를 넣어 문장을 말할 수 있다.	활동 3. 긴 문장 만들기 놀이	이해/표현
2	'--하는 사람'으로 구성된 관형절을 안은 문장을 듣고 그림에서 찾을 수 있다.	활동 3. 긴 문장 만들기 놀이	이해/표현
3	두 개의 단문을 연결하여 한 개의 이어진 문장으로 말할 수 있다.	활동 4. 메모리 게임	이해/표현
4			이해/표현
5			이해/표현
6			이해/표현
7			이해/표현
8			이해/표현

chapter 3

중재활동

1. 어휘촉진 활동

2. 구문촉진 활동

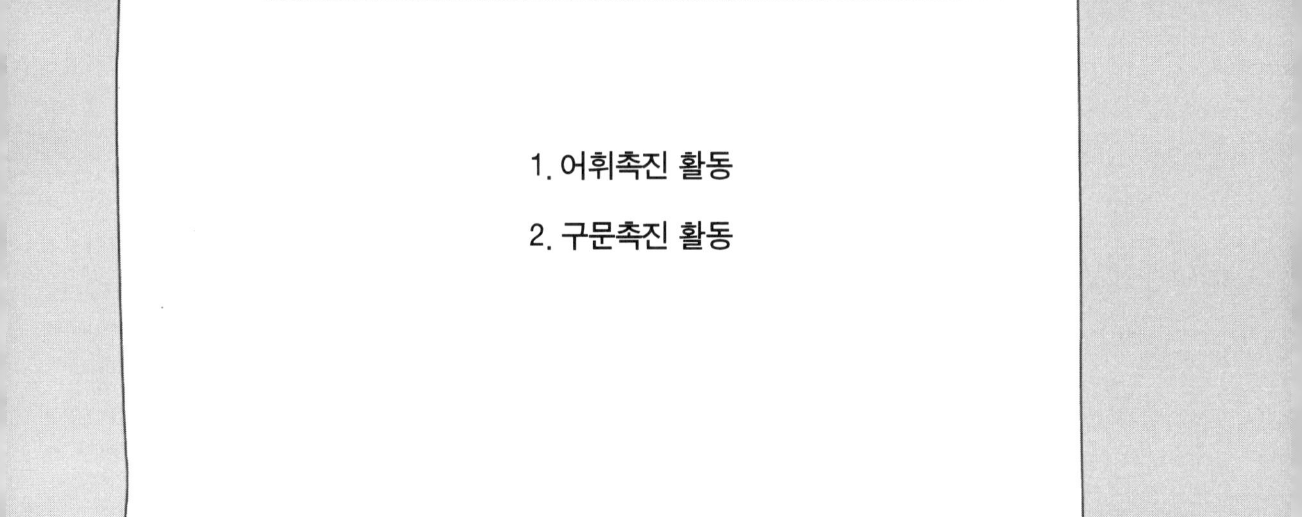

1 어휘촉진 활동

아동이 더 많은 어휘를 이해하고 정확하게 표현할 수 있도록 도와주기 위한 방법은 매우 다양하다. 잘 알려진 방법으로는 시각 자료를 활용하여 낱말 찾기 훈련하기, 의미 혹은 음운 단서에 따라 분류하고 기억하기, 사물의 기능이나 모양 설명하기, 어휘 정의하기, 유의어 혹은 반의어 찾기, 연상하기, 어휘지도 만들기, 맥락을 이용하여 활용하기 등이 있다. 각각의 방법은 목표어휘의 특성에 따라 좀 더 효율적이고 적합한 전략에 차이가 있을 수 있고, 아동의 특성에 따라서도 선호하는 전략이 다를 수 있다. 그러나 어떤 방법을 택하건 어휘의 개념을 이해하고 적절히 사용하게 하기 위해서는 한 번의 활동으로 그치는 것이 아니라 많은 반복 훈련을 하는 것이 가장 효과적이라는 데에는 차이가 없을 것이다. 따라서 여기에서는 다양한 어휘중재 방법을 제시하고, 그 방법에 가장 적합한 목표어휘를 예시하여 가능하면 재미있게 반복적인 훈련을 할 수 있도록 자료를 구성하였다.

모든 어휘촉진 활동은 '활동목표' '목표어휘' '자료' '활동방법' '한 걸음 더!'의 차례로 이 활동 지침서에 상세히 설명하였다. 또한 실제 활동에 사용하는 자료들은 워크북에 차례대로 수록함으로써 활동 지침서에 따라 워크북에서 자료를 찾아 편리하게 활동을 진행하도록 구성하였다.

『민이네 아침 풍경』 편에서 다루고 있는 어휘촉진 활동을 요약하면 〈표 3-1〉과 같다.

〈표 3-1〉 어휘촉진 활동 요약표

	활동제목	활동내용
1	무엇일까요?	그림 기억하고 낱말 찾기: 각 장소(거실, 화장실 등)의 그림을 보고 거기에 있는 물건의 이름을 기억하여 말하게 하는 기본 활동
2	어디에 있는 물건일까요?	주제에 따라 물건 분류하기: 장소에 따라 물건을 분류하고 기억하여 낱말 간의 공통점을 중심으로 어휘망을 기억하게 하는 활동
3	길 따라가기	주제에 따라 물건 분류하기: 가전제품, 가구 등의 주제에 해당하는 물건을 다른 물건 가운데서 변별하여 찾아내는 활동
4	어휘 빙고 게임	빠른 낱말 찾기와 설명하기: 여러 가지 어휘 게임을 통해 주어진 주제에 해당하는 어휘를 빨리 찾아내고, 그 어휘를 설명하게 하는 활동
5	수수께끼	어휘 설명하기: 목표어휘에 대한 핵심적인 특성을 이해하고 이를 표현하도록 하는 활동
6	스무고개	적절한 질문하기: 여러 어휘 중에서 적절한 질문을 하여 목표어휘를 찾아내는 활동
7	스크립트	차례대로 이야기하기: 순서대로 전개되는 일상활동의 과정에서 각 단계에 필요한 어휘들을 이해하고 표현하도록 하는 활동
8	어휘지도 만들기	어휘지도 만들기/연상놀이 하기: 하나의 어휘로부터 연상되는 다양한 어휘망으로 어휘지도를 만들고, 이를 통해 어휘 간의 다양한 결속관계를 이해하도록 하는 활동
9	어떤 뜻이 있나요?	다의어: 하나의 어휘에 포함된 다양한 뜻을 이해하여 각 상황 맥락에 맞도록 표현할 수 있게 하는 활동

활동 1

무엇일까요?

활동목표

〈민이네 아침 풍경〉에 있는 다양한 어휘를 그림을 통해 확인하고, 이를 기억하여 장소에 맞는 물건 이름을 말할 수 있다.

목표어휘

집 안에 있는 사물의 이름(명사), 동작과 상태 서술(동사 및 형용사).

자료

〈민이네 아침 풍경〉 그림판, 워크북 5~10쪽의 활동지, 〈평가와 중재 기록지〉의 '1. 어휘평가 목록' '2. 어휘평가 결과 기록지' '7. 어휘중재 결과 기록지', 연필 혹은 색연필

활동방법

- 아동에게 〈민이네 아침 풍경〉의 전체 그림을 보여 준다. 아동에게 잠시 후 그림을 보지 않고 기억해서 말하기를 할 것이라고 알려 주고, 다 보았으면 선생님에게 "다 봤어요."라고 말하라고 하여 최대한 많은 것을 기억하도록 격려한다. 아동이 나름대로 기억전략을 활용할 수 있도록 충분한 시간을 준다. 그림을 천천히 보면서 소리 내어 말하거나 선생님에게 질문하기, 손가락으로 짚어 가며 혼잣말하기 등의 다양한 전략을 사용할 수 있다.
- 아동이 〈민이네 아침 풍경〉 그림판 보기를 마치면 워크북의 해당 활동지를 잘라 준비한다. 아동이 본 것을 장소별로 기억해서 3분 동안 말하도록 한다. 아동이 말하는 내용을 워크북의 해당 장소 활동지의 위쪽 칸에 써 넣는다. 이

때 아동에게는 조각 그림을 보여 주지 않는다.

- 3분 동안 기억해서 말하기가 끝나면 워크북 활동지를 함께 보며 아동이 말한 것과 조각 그림을 줄로 그어 연결한다.
- 다음에는 조각 그림 안에는 있지만 아동이 표현하지 못한 어휘들 중에서 아동이 새로 익혀야 할 목표어휘를 조각 그림 아래쪽 칸에 써 넣고 해당 그림과 줄을 그어 연결한다.
- 줄로 연결한 새 목표어휘들의 이름 말하기 놀이를 한다. 아동과 선생님이 번갈아 목표어휘에 서로 다른 색깔의 색연필로 표시를 하는 것도 좋다. 아동이 충분히 기억을 할 수 있도록 반복하여 연습한다.
- 다시 한 번 3분 동안 기억해서 이름대기 활동을 실시한다. 이때 새로 익힌 목표어휘들을 중심으로 말하기를 하도록 한다. 잘 기억한 어휘에 해당하는 그림에는 아동이 좋아하는 색을 칠할 수 있게 한다.
- 모든 활동을 마친 후에는 〈평가와 중재 기록지〉의 '7. 어휘중재 결과 기록지'를 작성하여 이번 회기 활동에 대한 평가와 다음 회기 활동에 대한 계획을 세운다.

한 걸음 더!

- 이 활동은 중재활동 이전의 초기 평가활동으로 활용할 수 있다.
- 그림을 보면서 이름을 말하는 활동은 어휘를 평가할 때 가장 흔히 사용하는 방법으로 '대면 이름대기(confrontational naming)' 과제로 지칭된다. 잘 알려진 공식 어휘검사도구인 'REVT-표현(수용 · 표현 어휘력 검사)' 'K-BNT(한국판 보스톤 이름대기 검사)' 등이 대면 이름대기의 방법으로 구성되어 있다. 이와는 달리 '생성 이름대기(generative naming)' 과제는 특정 주제를 주고 거기에 해당하는 어휘를 기억해서 말하는 방법으로 구성된다. 대면 이름대기 과제가 주로 어휘표현에 대한 평가의 방법으로 활용되는 반면에, 생성 이름대기 과제는 적절한 이름대기가 필요한 순간에 보다 효율적으로 어휘망이 활성화되도록 하기 위한 기억전략의 중재방법으로 활용된다. 이 활동에서는 장소를 중심으로 그 장소와 관련된 그림을 기억하여 이름을 말하는 생성 이름대기 활동을 통해 관련 어휘들을 함께 익히도록 하였다.
- 아동과 함께 기억하고 있는 어휘를 어휘 빙고판에 쓰고 빙고 게임을 할 수 있다(어휘 빙고 게임의 자세한 내용은 뒤의 '어휘 빙고 게임' 참조).

활동 2

어디에 있는 물건일까요?

활동목표

거실, 화장실, 부엌에 있는 물건 그림을 찾아 적절하게 장소 꾸미기를 할 수 있다.

목표어휘

거실, 화장실, 부엌에 있는 물건들의 이름(명사)

자료

워크북 11~14쪽의 활동지, 〈평가와 중재 기록지〉의 '7. 어휘중재 결과 기록지', 가위, 풀, 색연필

활동방법

- '무엇일까요?'의 활동을 통해 각 장소에 있는 물건들의 이름을 익힌 후에 실시한다. '무엇일까요?' 활동을 하면서 동시에 실시할 수도 있다.
- '무엇일까요?' 활동과 마찬가지로 먼저 각 장소에 어울리는 물건들의 이름을 그림을 보지 않고 일정한 시간 동안(약 1~2분) 말하도록 한다.
- 해당 활동지를 잘라 준비한다.
- 활동지의 지시에 따라 각 장소에 어울리는 물건 이름에 ○표시를 하도록 한다. 이때 아동이 물건 이름을 읽고 직접 표시를 하거나 선생님이 읽어 주고 아동이 선택하게 한다.
- 물건 이름에 표시하기를 마치면 물건 그림판(워크북 14쪽)에서 해당 물건을 찾아 오려서 각 장소의 밑그림(워크북 11~13쪽)에 붙이도록 한다. 아동의 수준에 따라 거실, 화장실, 부엌의 밑그림을 차례로 하나씩 실시하거나, 세 가

지 장소를 모두 펼쳐 놓고 동시에 진행할 수 있다.

- 그림 붙이기를 마치면 물건 그림판에 없는 다른 물건들을 직접 그려 넣도록 한다(예 부엌-밥그릇과 수저 등). 색칠하기를 좋아하는 아동에게는 장소를 완성한 후에 색칠하기 활동을 보상으로 허락하거나, 과제물로 해 오도록 제시한다.
- 완성된 거실, 화장실, 부엌의 그림을 보면서 각 장소에 대한 설명(묘사)을 하게 한다. 쓰기 과제가 필요한 아동의 경우에는 "거실에는 소파와 텔레비전과 카펫이 있습니다." 등의 문장을 써서 표현하도록 한다.
- 모든 활동을 마친 후에는 〈평가와 중재 기록지〉의 '7. 어휘중재 결과 기록지'를 작성한다.

한 걸음 더!

- 이 활동은 다양한 어휘를 소주제에 따라 분류하는 놀이로 구성되었다. 하나의 유개념을 나타내는 어휘를 중심으로 그것에 속하는 낱말들을 묶어 보는 작업은 어휘를 보다 조직적이고 체계적으로 기억하게 하고, 이를 기반으로 해당 어휘의 표현이 필요할 때 보다 효율적으로 인출할 수 있도록 도와준다. 주제와 유개념에 따라 분류 작업을 한 후 이를 기억해서 다시 말하기를 하는 과정은 앞에서 설명한 생성 이름대기 능력을 증진시켜 준다. 아울러 이 활동은 하나의 어휘를 들었을 때 두뇌에 저장된 폭넓은 어휘들이 동시에 활성화될 수 있도록 도움으로써 보다 빠른 속도로 낱말찾기를 할 수 있는 유용한 전략이다.

〈민이네 아침 풍경〉에서 분류활동을 하기 적절한 주제

- 가구: 소파, 책장, 식탁, 침대, 의자, 책상 등
- 가전제품: 텔레비전, 냉장고, 청소기, 전자레인지 등
- 집 안 장소 이름: 거실, 부엌, 화장실, 안방, 베란다, 다용도실 등
- 가족 이름: 엄마, 아빠, 할머니, 할아버지, 동생, 누나, 오빠 등
- 운동기구: 자전거, 훌라후프, 아령, 공 등

다음에 소개하는 '길 따라가기' 활동에서 주제에 맞는 어휘를 찾아내는 활동을 해 볼 수 있다.

활동 3

길 따라가기

활동목표

가전제품, 가구, 운동기구에 해당하는 어휘들을 여러 가지 어휘 중에서 찾아낼 수 있다.

목표어휘

- 가전제품: 텔레비전, 컴퓨터, 세탁기, 냉장고, 토스터, 청소기
- 가구: 책상, 식탁, 소파, 의자, 침대, 장롱, 옷장
- 운동기구: 훌라후프, 줄넘기, 아령, 자전거, 인라인, 역기, 배드민턴

자료

워크북 15~18쪽의 활동지, 〈평가와 중재 기록지〉의 '7. 어휘중재 결과 기록지', 연필 혹은 색연필

활동방법

- 주제어(가전제품, 가구, 운동기구)의 뜻을 알고 있는지 확인하고, 잘 모르는 경우에는 예와 함께 설명해 준다.
- 각 활동지를 펴고, 제일 앞에 있는 어휘를 함께 읽은 후 그 어휘와 같은 종류의 어휘에 줄을 긋는 활동이라고 알려 준다.
- 정확하게 줄을 그으면 ☺에 도착한다.
- 주어진 주제어에 대한 활동이 끝나면 어떤 물건들이 있었는지 기억해서 말하

도록 한다.

- 세 가지 유형의 주제어에 대한 활동을 마친 후에는 빈칸 활동지에 다른 주제로 아동과 함께 게임판을 만들어 본다.
- 모든 활동을 마친 후에는 〈평가와 중재 기록지〉의 '7. 어휘중재 결과 기록지'를 작성한다.

한 걸음 더!

- 주어진 주제에 대해 스스로 기억해서 이름대기를 해야 하는 앞의 활동들과는 달리, 이 활동은 여러 가지 이름 중에서 해당 어휘를 변별해서 찾는 활동이 포함된다. 따라서 혼동하기 쉬운 여러 가지 어휘 중에서 목표어휘를 잘 변별해 내는 훈련을 할 수 있다.

활동 4

어휘 빙고 게임

활동목표

둥근 모양의 물건 이름, 질감 표현 어휘를 이해하고 이를 사용하여 적절하게 표현하거나 설명할 수 있다.

목표어휘

- 둥근 모양의 물건 이름: 대야, 변기 뚜껑, 접시, 위성안테나, 둥근 거울, 훌라후프, 둥근 밥상, 밥그릇, 휠체어 바퀴, 자전거 바퀴, 모자챙, 공, 안경알, 컵, 얼굴, 냄비 뚜껑
- 질감을 표현하는 어휘: 딱딱하다, 말랑말랑하다, 거칠거칠하다, 푹신푹신하다, 부드럽다, 미끌미끌하다, 까칠까칠하다, 물컹하다, 반들반들하다, 울퉁불퉁하다, 매끈매끈하다, 축축하다, 보들보들하다, 끈적끈적하다, 뽀송뽀송하다, 야들야들하다
- 기타 주제어와 관련된 어휘: 선생님이 주관적으로 목표 설정

자료

워크북 19~21쪽의 활동지, 〈평가와 중재 기록지〉의 '7. 어휘중재 결과 기록지', 연필, 색연필 혹은 형광펜

활동방법

- 아동에게 게임의 규칙을 설명해 준다. 어휘 빙고 게임의 규칙은 자신의 빙고

판에 적힌 어휘를 말하고 그 어휘에 표시를 하여 가로, 세로 혹은 대각선으로 끊어지지 않게 표시를 이어서 줄을 그으면 '빙고'라고 말하는 것이다. '빙고' 직선 4개 혹은 5개를 먼저 만드는 사람이 이기며, 이긴 사람에게 상을 주는 게임이라는 것을 설명해 준다. 워크북 21쪽의 '빈칸' 빙고판을 사용해서 연습하기를 해 보는 것도 좋다.

- 워크북 19쪽의 '둥근 모양 물건' 빙고판 A와 B를 오려서 나눠 가진다.
- 빙고판에 적힌 어휘들을 차례로 읽으면서 그것의 어떤 부분이 둥근 모양인지를 생각하여 설명하게 한다. 이때 둥근 부분을 그림으로 그려 보는 것도 좋다.
- 아동과 선생님이 가위바위보로 말하는 순서를 정한다. 이긴 사람이 먼저 게임판에 쓴 어휘 하나를 말하고 그 칸에 '×' 혹은 'ㅇ' 표시를 한다. 상대방도 같은 어휘를 찾아 표시를 한다. 같은 방법으로 차례를 바꾸어 상대방이 어휘 하나를 말하고 함께 자신의 빙고판에서 해당 어휘를 찾아 표시를 한다. 4×4개의 빙고판에서, 표시를 한 어휘가 가로, 세로 혹은 대각선으로 4개가 이어지면 '빙고'라고 말하고 색연필이나 형광펜으로 직선을 긋는다. 직선 끝 쪽에 빙고의 개수를 나타내는 번호를 써 넣는다. 한 사람이 4개 혹은 5개의 빙고를 완성하면 게임이 끝난다.
- 워크북 20쪽의 '질감 표현 어휘' 빙고판으로도 똑같은 방식으로 게임을 진행한다. '질감 표현 어휘'는 아동에게 다소 생소한 어휘들을 포함하고 있다. 아동의 수준에 따라 어휘를 바꿀 수 있다.
- '빈칸' 빙고판은 아동과 함께 다양한 주제에 대해 생성 이름대기 방법으로 활용하도록 한다. 워크북 21쪽의 '빈칸' 빙고판을 오려서 빙고판 A와 빙고판 B를 아동과 한 장씩 나눠 가진다. '무엇일까요?' 활동을 하면서 주어진 장소에 있는 물건의 이름대기를 할 때 말로만 하는 것이 아니라 빙고판에 생각나는 물건의 이름을 쓰게 한다. 아동은 첫 번째 칸에서부터 쓰게 하고, 선생님은 아동이 말한 물건을 칸에 무작위로 써 넣는다. 4×4개의 어휘를 모두 채우면 게임을 시작한다.
- 4×4개의 빙고판일 경우에는 먼저 4~5개의 빙고를 완성한 사람이 이기는 것으로 한다. 5×5개의 빙고판을 만들어 활동할 경우에는 5~7개의 빙고를 먼저 부르는 사람이 이기는 것으로 한다.

- 모든 활동을 마친 후에는 〈평가와 중재 기록지〉의 '7. 어휘중재 결과 기록지'를 작성한다.

한 걸음 더!

- '어휘 빙고 게임'은 아동의 수준과 활동의 목표에 따라 다양한 방법으로 활용할 수 있다. 선생님이 미리 완성한 빙고판을 사용할 수도 있고, 아동이 생성 이름대기 과제로 직접 빙고판을 완성하는 과제부터 시작할 수도 있다.
- '빈칸' 빙고판에 넣는 목표어휘는 여러 가지 주제에 따라 사용할 수 있다. 아동과 함께 그림을 보면서 다음 주제에 해당하는 어휘를 직접 쓰도록 한다. 만일 하나의 주제로 16개의 어휘를 다 찾아내기 어렵다면 두 개 이상의 주제를 사용하거나 그림에 표현되지 않은 어휘로 확장하는 것도 좋다. 아동과 선생님이 둘이서 활동할 수도 있고 소그룹에서 사용할 수도 있다.

〈민이네 아침 풍경〉에서 어휘 빙고 게임으로 활용하기 좋은 주제

- 색깔: 빨간색(노란색, 파란색 등)으로 칠해진 물건 이름 쓰기 – 예 욕조
- 모양: 둥근(네모난, 세모난 등) 모양의 물건 이름 쓰기– 예 훌라후프
- 보는 것: 볼 수 있는 물건 이름 쓰기 – 예 신문
- 전자제품 이름 쓰기 – 예 텔레비전
- 글자 모양: 'ㄱ'(특정 음소 혹은 음절)이 들어가는 낱말 쓰기 – 예 가방
- 가구 이름 쓰기 – 예 침대
- 소리 나는 것 이름 쓰기 – 예 컴퓨터
- 투명한 것 이름 쓰기 – 예 창문
- 음식 이름 쓰기 – 예 소시지
- 질감을 표현하는 어휘 쓰기 – 예 푹신푹신하다
- 감정: 감정을 나타내는 어휘 쓰기 – 예 짜증나다
- 동작: 동작어 쓰기 – 예 뛰어가다
- 숫자: 특정 숫자와 관계있는 어휘 쓰기 – 예 삼층
- 상태: 걸려 있는 것 이름 쓰기 – 예 시계
- 장소 이름 쓰기 – 예 화장실
- 운동기구 이름 쓰기 – 예 줄넘기

- 바퀴가 있는 것 이름 쓰기 – 예 휠체어
- 옷 이름 쓰기 – 예 반바지
- 그림 안에 표현된 것을 주제와 관련 없이 쓰기
- 선생님이 목표어휘로 정한 어휘를 지정해서 쓰기

- 목표어휘를 말하는 방법도 다음과 같이 다양하게 활용할 수 있다.
  – 빙고판에 적힌 어휘를 그대로 말하기(예 훌라후프)
  – 빙고판에 적힌 어휘를 사용해서 문장 말하기(예 언니가 훌라후프로 운동하고 있어요.)
  – 빙고판에 적힌 목표어휘를 설명하여 상대방이 맞히게 하기(예 이건 동그란 모양이고, 허리로 이걸 돌려서 운동해.)
  – 빙고판에 적힌 목표어휘를 '땡땡'으로 표현하여 문장 만들어 말하기(예 언니가 '땡땡땡땡'을 돌리면서 운동하고 있다.)
- 어휘 빙고 게임은 단순하게 이름대기 과제만으로 구성된 것이 아니라 게임에 이기기 위한 목표가 포함되기 때문에, 앞에서 소개한 여러 가지 이름대기 활동보다 더 많은 작업기억(working memory) 전략을 필요로 한다. 아동은 자신이 가지고 있는 작업기억의 용량을 최대한 활용하여 보다 빠르고 효율적으로 낱말을 인출해야 함은 물론, 직선으로 이어진 어휘를 선택하여 그것을 말하거나 설명해야 하는 절차의 부담을 갖게 된다. 이러한 복합활동을 통해 아동은 두 가지 목표를 동시에 적용하여 수행하는 훈련을 할 수 있으며, 이는 작업기억을 충분히 활용해야 하는 다양한 학습 관련 활동에 도움을 줄 수 있다.

활동 5

수수께끼

활동목표

일상 사물에 대해 그 기능과 모양을 나타내는 핵심 개념을 두 가지 이상 포함하여 상대방에게 설명할 수 있다.

목표어휘

- 쉬운 어휘: 안경, 신문, 식탁, 커튼, 달력, 거울, 유모차, 자전거, 화장실
- 조금 어려운 어휘: 어항, 줄넘기, 휠체어, 세면대, 아나운서, 화분, 교복, 아령, 옥상
- 빈칸: 아동에게 필요한 어휘(선생님이 주관적으로 목표 설정)

자료

워크북 22~27쪽의 활동지, 〈평가와 중재 기록지〉의 '7. 어휘중재 결과 기록지'

활동방법

- 활동지의 수수께끼 문제카드와 답카드를 오린다.
- 문제카드는 문제가 보이지 않게 뒤집어서 모아 놓고, 답카드는 답이 보이게 책상 위에 두세 줄로 정렬해서 펼쳐 놓는다.
- 먼저 선생님이 문제카드에서 한 장을 골라 읽으며 아동에게 문제를 낸다. 아동은 선생님의 문제를 다 들은 후에 해당 답카드를 찾아 선생님의 문제카드 옆에 나란히 붙여 놓는다.
- 나란히 붙인 문제카드와 답카드를 뒤집는다. 정답인 경우에는 도형그림이 완성된다. 그림이 완성되면 그것을 맞힌 사람이 두 장 모두 가지고 간다. 오

답으로 그림이 완성되지 않으면 답카드와 문제카드를 모두 제자리에 다시 갖다 놓는다.

- 선생님이 문제를 내는 것과 마찬가지 방법으로, 이번에는 차례를 바꾸어 아동이 문제를 내고 선생님이 답카드를 찾는다. 이때 일부러 틀린 답을 골라 답카드와 문제카드의 그림이 맞춰지지 않는 것을 보여 주면 아동의 흥미를 유지하는 데 도움이 된다.
- 아동이 문제카드에 쓰인 내용을 보고 설명하기에 익숙해지면, 이번에는 문제카드 없이 답카드만 사용해서 게임을 진행한다. 아동에게 문제를 내야 하는 목표어휘를 보여 주고, 그 어휘에 대해 세 가지의 설명을 해야 하는 것이 규칙이라고 알려 준다. 만일 세 가지 모두를 말하는 것이 어려우면, 두 가지를 아동이 스스로 말하고 나머지 하나는 선생님이 도와주도록 한다.
- 활동지의 빈칸을 사용하여 아동에게 필요한 다른 어휘로 수수께끼 만들기 활동을 한다.
- 아동이 익숙하게 설명하기를 할 수 있으면, 수수께끼 말하기 방법으로 어휘빙고 게임을 진행할 수 있다.
- 모든 활동을 마친 후에는 〈평가와 중재 기록지〉의 '7. 어휘중재 결과 기록지'를 작성한다.

한 걸음 더!

- 수수께끼 목표어휘는 해당 아동에게 필요하다고 선정한 목표어휘를 사용하는 것이 좋다. 설명하는 단계는 처음에는 일반적이고 광범위한 분류 설명에서 시작하여 점차 목표어휘의 핵심 내용을 설명하는 것으로 범위를 좁혀 가는 것이 좋다.
- 수수께끼 과제는 목표어휘에 대한 '설명하기'와 '핵심 개념 표현하기'를 하기 위한 활동이다. 수수께끼 활동에 익숙하지 않은 아동들은 문제어휘의 답을 말하거나, 그 답을 포함하여 설명을 하곤 한다. 수수께끼라는 것이 답을 말하지 않고 다른 사람이 그 답을 알아맞힐 수 있도록 정확한 설명을 해야 한다는 것을 이해하는 것은 정확한 정보 전달을 할 수 있게 해 주는 좋은 훈련이 된다. 수수께끼 활동에 익숙해지면 다음 단계로 '스무고개' 놀이를 한다.

활동 6

스무고개

활동목표

- 여러 가지 어휘 중에서 목표어휘를 찾기 위해 적절한 질문을 할 수 있다.
- 여러 가지 어휘의 기능, 모양을 포함하는 핵심 개념을 알고 이를 종합하여 하나의 목표어휘를 찾을 수 있다.

목표어휘

- 쉬운 어휘: 신문, 교과서, 거울, 안경, 창문, 텔레비전, 달력, 시계, 그림, 액자, 사진, 컴퓨터, 커튼, 빨래, 딸랑이
- 조금 어려운 어휘: 침대, 책꽂이, 장롱, 식탁, 소파, 서랍장, 밥상, 옥상, 카펫, 타일, 변기, 창틀, 행거, 의자, 싱크대

자료

워크북 28~42쪽의 활동지, 〈평가와 중재 기록지〉의 '7. 어휘중재 결과 기록지', 메모지, 연필

활동방법

- 먼저 주어진 어휘카드 목록(워크북 28쪽, 33쪽)을 보고 '정답 찾아가기'(워크북 29쪽, 34쪽)를 참고하여 각각의 어휘에 대해 간단하게 설명하기를 한다.
- '분류표'(워크북 29쪽, 34쪽)를 사용하여 각 어휘를 다양하게 분류해 본다. 예를 들어, 먹는 것, 전기가 필요한 것, 동물, 나무로 만든 것 등 아동과 함께 다양한 범주화를 시도해 본다. 이때 각각의 어휘카드를 오려서 범주별로 모으게 하는 방법으로 실시한다.

- 스무고개를 하기 위한 설명하기와 분류하기 연습이 끝나면 아동에게 '스무고개 게임'이 무엇인지 설명해 준다. "지금부터 '스무고개' 놀이를 시작할 거야. 먼저 ○○이가 여기 있는 카드 중에 하나를 골라서 그 이름을 메모지에 써서 가지고 있어. 선생님이 그 메모지에 쓰인 것을 알아맞힐 거야. 선생님은 너한테 스무 번(경우에 따라서는 5~10번)까지 질문할 수 있고, 너는 선생님 질문에 '네' 혹은 '아니요'로만 대답할 수 있어. 선생님이 답을 맞히면 다음에는 선생님이 문제를 내고 네가 답을 맞히는 거야. 두 사람 중에서 답을 맞힐 때까지 질문을 더 적게 한 사람이 게임에서 이기는 거야."
- 어휘카드 목록을 책상에 펼쳐 놓는다.
- 질문카드를 오려서 더미로 쌓아 놓는다.
- 먼저 아동에게 어휘카드 중에서 하나를 마음속으로 고르게 한 다음, 선택한 어휘를 작은 메모지에 쓰게 한다.
- 아동의 목표어휘가 쓰인 메모지를 내용이 보이지 않게 뒤집어서 책상 한쪽에 놓는다. 아동이 선택한 목표어휘에 대해 선생님이 질문카드를 한 장씩 보며 질문을 한다. 아동은 선생님의 질문에 '예' 혹은 '아니요'로 대답하도록 한다. 선생님은 아동이 '예'로 대답한 질문카드와 '아니요'로 대답한 질문카드를 나누어 모은다.
- 선생님의 질문에 대해 아동이 대답할 때마다 선생님은 펼쳐 놓은 어휘카드 목록에서 해당되지 않는 어휘의 카드를 뒤집어 놓는다. 남은 어휘카드를 보고 다음 질문을 한다.
- 답이 아닌 카드를 모두 뒤집고 마지막 한 장의 카드가 남으면 '정답'이라고 말한다. 아동이 쓴 메모지의 어휘와 비교해서 맞는지 확인한다. 만일 맞지 않으면 어디에서 틀렸는지를 질문카드를 보면서 다시 찾아본다.
- 같은 방법으로 이번에는 아동이 질문을 하고 선생님이 목표어휘에 대해 대답을 한다. 질문의 횟수는 3~10회 정도로 정하도록 한다.
- 정답카드 옆에 '예'에 해당하는 질문카드를 차례로 늘어놓고 정답어휘에 대한 설명을 정리해 본다. 예를 들어, 정답이 '침대'인 경우, '가구이고, 방에 있고, 다리가 있고, 푹신푹신하고, 잠을 자는 것'이라고 정리해서 말하도록 한다. 나중에 질문카드를 모아서 수수께끼 활동으로 활용할 수 있다.

- 과제에 익숙해지면 목표어휘의 수를 30개 이상으로 늘린다. 점차 목표어휘의 수를 늘리다가 나중에는 목표어휘의 목록을 주지 않고 실시한다.
- 질문의 내용에 초점을 맞춰 적절하지 않은 질문에 대해 벌칙을 주는 활동으로 확장해 보는 것도 좋다.
- 활동지의 빈칸을 사용하여 아동에게 필요한 다른 어휘로 스무고개 놀이를 한다.
- 스무고개 활동이 모두 끝난 후에 아동과 목표어휘들에 대한 '설명서(설명하기 책) 만들기' 활동으로 확장한다(워크북 42쪽). 아동에게 목표어휘의 그림을 그리고 그 아래 질문카드의 내용을 중심으로 설명을 써 넣게 한다. 10개 이상의 어휘에 대해 설명서를 만든 다음에 표지를 만들고 책으로 완성한다.
- 모든 활동을 마친 후에는 〈평가와 중재 기록지〉의 '7. 어휘중재 결과 기록지'를 작성한다.

한 걸음 더!

- 스무고개 놀이는 여러 가지 어휘 중에서 질문을 통해 해당하지 않는 것을 하나씩 배제하면서 마지막에 목표어휘를 찾아내는 게임이다. 이 활동은 수수께끼와 반대의 방법으로 진행된다. 수수께끼는 목표어휘에 대해 술래가 모두 설명을 하고, 상대방은 모든 설명을 종합해서 정답을 추론해 내는 과정으로 이루어진다. 반면에, 스무고개 놀이는 술래만 알고 있는 정답을 추론해 내기 위해 상대방이 다양한 범주화의 질문을 해야 한다. 이때 아동은 주로 '배제하기'의 기술을 사용할 수 있어야 한다. '배제하기'는 목표물이 어떤 특성을 가지고 있는지를 질문해서 그 특성을 가지지 않은 것을 제외시켜 가는 과정을 뜻한다. 이 놀이를 통해 아동은 특정 정보를 알아내기 위해 어떤 질문을 해야 하는지를 생각하게 되고 가장 효율적인 정보 탐색의 방법에 대해 익히게 된다. 대부분의 언어장애아동은 다른 사람이 주는 정보에 수동적으로 반응하기는 하지만, 스스로 적절한 질문을 통해 필요한 정보를 탐색하는 능력이 매우 부족하다. 스무고개 놀이는 자발적이고 능동적인 정보 탐색 방법을 훈련하고 익히는 데 큰 도움이 된다.

활동 7

스크립트

활동목표

- 빨래 스크립트의 순서를 기억하고 정확하게 그림카드를 배열할 수 있다.
- 빨래 스크립트의 그림을 보고 적절한 어휘가 포함된 문장으로 표현할 수 있다.

목표어휘

빨래 스크립트 표현에 필요한 어휘: 더러워지다, 빨래통/세탁기에 넣다, 빨래를 꺼내다, 빨래를 털다, 젖다, 널다, 마르다, 빨래를 걷다/개키다, 넣다

자료

워크북 43~46쪽의 활동지, 〈평가와 중재 기록지〉의 '7. 어휘중재 결과 기록지', 색연필

활동방법

- 빨래 스크립트 그림카드를 보면서 차례로 어떤 내용인지 아동과 선생님이 함께 이야기한다.
- 빨래 스크립트 문장카드를 읽으면서 그림과 연결해 본다.
- 빨래 스크립트 그림카드와 문장카드를 오린다.
- 낱장의 그림카드를 섞은 다음 아동 스스로 순서대로 배열한다. 이때 선생님이 문장카드의 해당 내용을 읽어서 도움을 줄 수 있다.
- 그림카드를 차례로 배열한 다음 해당 내용의 문장카드를 골라 그림 옆에 차

례대로 배열한다. 그림카드와 문장카드의 내용이 정확하게 맞으면 문장카드의 내용이 보이지 않게 뒤집어 놓는다. 뒷면의 숫자가 1부터 10까지 차례가 맞는지 확인한다.

- 그림카드만 보고 목표어휘를 포함하여 문장으로 표현한 다음 뒤집어 놓은 문장카드를 바로 해서 스스로 말한 내용과 같은지 확인한다. 만일 목표어휘가 포함되어 있으면 바로 놓은 카드를 그대로 두고, 목표어휘를 바르게 말하지 못했으면 문장카드를 다시 뒤집어 놓는다. 열 장의 그림을 모두 같은 방법으로 표현한 후, 문장카드가 뒤집힌 것의 그림을 다시 말하도록 한다.
- 스스로 차례대로 목표어휘를 포함하여 빨래 스크립트의 내용을 표현할 수 있으면, 그림카드로 책을 만들어 본다(워크북 45쪽). 그림카드를 붙인 후 좋아하는 색으로 색칠하기를 하고 꾸미기를 하게 한다. 그림이 완성되면 그림을 보면서 그 내용을 문장으로 쓰도록 한다.
- 모든 활동을 마친 후에는 〈평가와 중재 기록지〉의 '7. 어휘중재 결과 기록지'를 작성한다.

한 걸음 더!

- 다양한 주제별 스크립트 활동은 일상적으로 반복되는 주제에 대한 활동과 사건 그리고 아동이 해야 하는 행동들이 순서대로 정해져 있는 활동이다. 따라서 아동은 익숙한 경험을 통해 대부분의 상황을 예측할 수 있으므로 과제에 대한 부담이 크지 않아서 쉽고 흥미롭게 활동을 수행할 수 있다. 아동의 언어 수준과 생활연령을 고려하여 적절한 스크립트 주제를 선정하고 차례로 이어지는 활동들에 필요한 어휘를 연결하여 익히게 하는 것은 새로운 어휘의 저장과 인출을 효과적으로 수행할 수 있게 하는 좋은 전략이 된다.
- 〈민이네 아침 풍경〉에서 활용하기에 적절한 스크립트 주제는 다음 표와 같다. 각각의 스크립트는 주인공을 어린이, 엄마, 아빠, 할머니, 할아버지 등의 등장인물로 하여 내용을 변형하도록 한다. 여기에서 소개한 스크립트 예는 어린이를 중심으로 표현하였다. 모든 스크립트를 구성할 때에는 대상 아동의 실제 생활 내용이 잘 반영될 수 있도록 미리 아동의 보호자에게 정보를 수

집하여 세부내용을 구성하도록 한다.

- 동일한 주제로 스크립트를 구성한 후 주인공에 따라 차이가 나는 부분을 비교해 보는 활동으로 확장할 수 있다. 예를 들어, "○○이가 세수할 때 아빠는 신문을 보고, 엄마는 아침식사를 준비해요."와 같이 동일한 시간에 일어나는 서로 다른 행동들을 비교해서 표현하도록 할 수 있다.

〈민이네 아침 풍경〉에서 활용하기 적절한 스크립트의 예

제목	내용
아침 일과 스크립트	잠에서 깨어나다 – 세수하다 – 아침 식사를 하다 – 이를 닦다 – 옷을 입다 – 가방을 챙기다 – 가방을 메고 방에서 나오다 – 인사하다 – 신발을 신다 – 문을 열고 나가다
식사 스크립트	손을 씻다 – 식탁에 앉다(제자리에 앉다) – 수저를 놓다 – '잘 먹겠습니다' 인사하다 – 밥을 먹다 – '잘 먹었습니다' 인사하다 – 자리에서 일어나다 – 그릇을 치우다
세수하기 스크립트	화장실에 들어가다 – 수돗물을 틀다 – 손에 물을 묻히다 – 비누칠을 하다 – 손을 비비면서 비누로 닦다 – 물로 손을 헹구다 – 얼굴에 물을 칠하다 – 다시 비누를 손에 묻히다 – 손바닥으로 얼굴을 문지르며 비누로 닦다 – 물로 얼굴을 헹구다 – 수돗물을 잠그다 – 수건으로 손과 얼굴을 닦다

활동 8

어휘지도 만들기

활동목표

- 하나의 어휘를 들었을 때 그 어휘와 관련된 다양한 어휘를 생각해 내고 말할 수 있다.
- 하나의 어휘를 들었을 때 그 어휘와 관련된 다양한 어휘를 기억하는 전략을 익히고 활용할 수 있다.

목표어휘

- '체중계'와 관련된 어휘
  - 몸무게 관련 어휘: 체중, 재다, 눈금, 정확하다, 신체검사, 목욕탕, 찜질방 등
  - 비만 관련 어휘: 다이어트, 뚱뚱하다, 살이 찌다, 살을 빼다, 살 빠지다, 스트레스, 운동계획, 식이요법, 창피하다 등
  - 운동 관련 어휘: 줄넘기, 훌라후프, 조깅, 수영 등
  - 겉모습 관련 어휘: 마르다, 날씬하다, 통통하다 등
  - 의태어: 토실토실, 피둥피둥 등
  - 감정 관련 어휘: 부끄럽다, 만족하다 등

자료

워크북 47~52쪽의 활동지, 〈평가와 중재 기록지〉의 '7. 어휘중재 결과 기록지', 연필 혹은 색연필

활동방법

〈무엇이 생각날까?〉

- 아동에게 '체중계'의 사진이나 그림 혹은 실물을 보여 주고 생각나는 낱말을 말하게 한다. 아동이 말하는 낱말을 워크북 47쪽 빈칸에 쓴다.
- 다음으로 아동이 말한 어휘 중에서 〈어휘 목록〉에 있는 것에 표시를 한다.

〈지도 완성하기〉

- 워크북 48쪽에 제시한 각 소주제에 해당하는 어휘들을 생각해 보게 한다. 아동의 수준에 따라 어휘의 범위와 수를 조절하여 관련된 어휘들의 지도(map)를 완성해 간다.
- 지도를 완성한 후 지도를 보지 않고 기억해서 말하기를 한다.
- 어휘지도 만들기를 다 한 후에는 각각의 어휘를 2~3개 사용해서 문장으로 표현해 보도록 한다(예 목욕탕, 체중계, 창피하다 → 목욕탕에서 체중계로 체중을 쟀는데 너무 많이 나가서 창피했어요).
- 어휘지도 만드는 방법을 '체중계' 어휘로 연습한 후에는 워크북 49쪽의 빈칸 지도를 사용하여 다른 어휘들에 대해서도 같은 방법으로 활동을 진행한다. 이때 주제어휘는 아동이 목표어휘를 선택하거나 앞에서 연습하였던 장소 이름 등을 활용할 수 있다.

〈연상놀이〉

- 아동들이 많이 알고 있는 〈원숭이 엉덩이〉 노래를 함께 불러 본다.

> (노래)
> "원숭이 엉덩이는 빨개, 빨간 건 사과, 사과는 맛있어, 맛있는 건 바나나, 바나나는 길어, 긴 것은 기차, 기차는 빨라, 빠른 건 비행기, 비행기는 높아, 높은 건 백두산"

- 워크북 50쪽의 '노래 부르기' 표를 함께 보면서 노래를 부른다. 노래 가사에 해당 어휘가 나올 때 표시를 하면서 노래를 부른다.

- 노래를 다 부른 후에는 거꾸로 부르기를 한다(예 백두산은 높다, 높은 건 비행기, 비행기는 빠르다, 빠른 건 기차……). 그림에서 속성을 나타내는 어휘(높다, 빠르다 등)는 보이지 않게 가리고 노래를 부르게 한다.
- 아동이 두 가지 어휘의 공통점을 이해하면, '공통점 찾기' 표를 보면서 두 가지 어휘의 공통점을 문장으로 표현하게 한다(예 사과랑 바나나는 맛있어요, 빠른 건 기차와 비행기예요).
- '공통점 찾기' 표를 보면서 "빨간 것은?" "맛있는 것은?" 등의 질문을 하고 두 개의 답을 말하게 하는 놀이를 할 수 있다. 이때 여기에 쓰지 않은 어휘들 중에서 한 가지 이상을 더 말하게 할 수 있다.
- 〈원숭이 엉덩이〉 노래 멜로디에 '휴대폰'을 시작으로 하는 가사 바꾸기 놀이를 한다(워크북 51쪽). 연상어휘의 수는 아동의 수준에 따라 조절한다. 노래 가사 바꿔 부르기, 거꾸로 부르기, 두 가지 어휘의 공통점을 찾아 표를 완성하기의 차례로 활동을 진행한다.
- 연상놀이의 방법을 완전히 익힌 후에는 워크북 52쪽의 빈칸 활동지를 사용해 시작어휘를 새로 정해서 아동이 스스로 연상어휘를 쓰면서 노래 가사를 바꾸는 활동을 하고 '공통점 찾기' 표를 완성하게 한다.
- 모든 활동을 마친 후에는 〈평가와 중재 기록지〉의 '7. 어휘중재 결과 기록지'를 작성한다.

한 걸음 더!

- 어휘지도 만들기(vocabulary mapping)는 어휘와 어휘 간의 네트워크를 만들어 가는 작업이라고 할 수 있다. 일상생활, 나아가 학습 상황에서 사용되는 여러 가지 어휘는 별개의 분리된 단위로 존재하는 것이 아니라 수많은 어휘와의 다양한 관계 안에서 구성된다. 따라서 새로운 어휘를 습득할 때 하나의 어휘가 다양한 문맥에서 다양하게 사용된다는 것을 이해하는 것은 관련 어휘 간의 결속력을 튼튼하게 해 줄 뿐만 아니라 체계적인 기억 저장도 돕게 된다. 나아가 적절한 낱말을 찾아 표현해야 하는 경우에도 보다 효율적으로 낱말이 인출될 수 있도록 관련 어휘들을 활성화시켜 줌으로써 언어 표현에도 도움을

준다. 이러한 어휘지도는 목표어휘를 비롯해 유의어, 반의어, 의미적인 관련어, 음운적 유사어휘 등 다양한 방법으로 구성할 수 있다.

- '무엇이 생각날까?'의 어휘지도 만들기 활동을 마친 후에 '어휘 빙고 게임'으로 마무리활동을 하는 것도 좋다. 아동과 함께 다양한 관련 어휘를 찾아본 후에 어휘 빙고판을 사용해서 주어진 주제어휘와 관련해 생각나는 어휘들을 쓰게 한 후 빙고 게임을 하면 아동이 저장된 어휘를 인출하는 훈련에 도움을 줄 것이다.
- '연상놀이'의 경우, 주어진 어휘에 대해 일반적으로 연상되는 어휘가 아니라 아동이 개인적으로 연상되는 어휘의 목록으로 어휘집이 만들어질 수도 있다. 이때 무조건 관련 없는 것으로 취급하지 말고, 그 어휘가 연상되는 까닭에 대해 아동에게 설명하게 한다. 아동의 설명이 타당한 경우에는 그것으로 목록을 진행하도록 한다.
- '공통점 찾기' 표를 보면서 두 가지 어휘 간의 공통점을 찾아 문장으로 표현하게 한다. 이때 가로와 세로로 쓴 어휘들 중에서 관련성이 적은 어휘들도 두 어휘 간의 공통점을 하나씩 생각해 보게 하는 것도 좋다. 공통점 찾기가 어려운 경우에는 두 어휘를 사용해서 문장을 만들어 보게 한다. 예를 들어, 워크북 50쪽의 '사과/기차'의 두 낱말을 사용해서 "겨울에 시골에 갈 때 기차에서 사과를 먹었어요."라는 문장을 만들 수 있다.

활동 9

어떤 뜻이 있나요?

활동목표

- 하나의 낱말이 문맥에 따라 여러 가지 뜻으로 사용된다는 것을 이해한다.
- 문장을 듣고 그 안에 사용된 다의어 의미를 이해한다.
- 다의어를 적절하게 사용하여 문장 표현을 할 수 있다.
- 맥락에 따라 사용된 다의어를 유사한 다른 어휘로 적절하게 바꾸어 표현할 수 있다.

목표어휘

다의어: 보다, 걸다, 소식, 기사, 화장, 상, 바퀴, 구두, 인도

자료

워크북 53~57쪽의 활동지, 〈평가와 중재 기록지〉의 '7. 어휘중재 결과 기록지', 연필 혹은 색연필

활동방법

- 아동에게 여러 가지 뜻을 가진 낱말들이 있다고 알려 준다. 그러고 나서 대표적인 것으로 '배'를 들어 설명해 준 다음, '보다'에도 여러 가지 뜻이 있다고 알려 준다. 워크북 53쪽의 '보다' 그림들을 보면서 가운데 칸의 문장을 보지 않고 함께 문장을 만든다.
- 아동이 만든 문장과 가운데 칸의 '보다'를 사용한 문장을 비교하면서 그림의

내용을 다시 표현해 본다.

- 가운데 칸의 '보다'가 들어간 부분에 바꾸어 쓸 수 있는 다른 표현을 마지막 칸의 낱말 중에서 찾아 줄을 긋게 한다. 정확하게 대용어휘를 찾으면 그것을 사용해서 문장을 다시 한 번 표현해 보게 한다.
- 워크북 54쪽의 '걸다'에 대해서도 어떤 때에 사용되는지 아동 스스로 생각해서 이야기해 보게 한다. 세 가지 이상을 이야기하면, 왼쪽 칸의 문장들을 함께 보면서 아동이 생각한 뜻과 같은 것이 어떤 것인지 찾아본다.
- 왼쪽 문장에 사용된 '걸다' 대신에 바꿔 쓸 수 있는 표현을 오른쪽 칸에서 찾아 줄을 긋게 한 다음 새로운 표현을 사용해서 왼쪽의 문장을 다시 완성해 본다.
- 워크북 55쪽의 여러 가지 다의어 어휘를 보고 그것의 뜻을 아동이 스스로 생각해 보게 한 다음 오른쪽 칸의 문장을 보면서 의미를 확인하게 한다.
- 여러 가지 다의어에 대한 확인이 끝나면 적절한 어휘를 생각해서 괄호 안에 채워 넣도록 하는 종합 연습문제(워크북 56쪽)를 풀도록 한다. 이때 보기를 줄 수도 있고, 스스로 생각해서 문제를 풀게 할 수도 있다.
- 모든 활동을 마친 후에는 〈평가와 중재 기록지〉의 '7. 어휘중재 결과 기록지'를 작성한다.

한 걸음 더!

- 다의어는 하나의 낱말이지만 뜻은 여러 가지인 낱말로, 배, 밤, 발 등을 예로 들 수 있다. 다의어는 문맥에 따라 주어진 낱말의 의미가 결정되므로 낱말 단위가 아닌 문장 단위로 이해하여야 한다. 다의어를 포함한 문장의 활용을 통해 아동의 사고와 개념의 융통성이 증진될 수 있다.
- '종합 연습문제'를 먼저 풀게 하여 아동이 스스로 문맥을 통해 해결할 수 있는 수준을 확인한 후에 활동을 진행하고, 마지막에 다시 평가를 실시하여 초기 평가의 결과와 비교하는 것도 좋다.

2 구문촉진 활동

아동이 간단한 단문 중심의 표현에서 보다 복잡하고 다양한 구조의 문장을 표현할 수 있도록 돕기 위해서는 가장 먼저 구문평가를 통해 현재 아동의 구문 수준을 정확하게 파악하는 것이 중요하다. 〈평가와 중재 기록지〉의 '3. 구문평가 결과 기록지'와 '4. 구문능력 종합평가표'의 평가결과를 기반으로 '6. 구문중재 목표 기록지'의 구문중재 목표를 설정한 후 각 목표를 달성하게 하기 위한 다양한 활동을 실시한다.

보다 복잡하고 세련된 구문을 표현하게 하기 위한 방법으로는, 현재 아동의 표현 수준보다 조금 더 복잡한 구문 들려주기(모델링), 아동의 표현을 확장하여 말해 주기, 이어진문장의 앞부분을 말해 주고 뒷부분을 완성하게 하기(문장 완성하기), 따라 말하기, 시각 자료 이용하여 두 문장을 하나로 구성하게 하기, 틀린 부분 고쳐 말하게 하기, 목표구문이 반복적으로 들어가는 놀이를 통해 반복 훈련하기 등과 같은 방법이 있다.

『민이네 아침 풍경』 편에서는 주로 2~3개의 단문을 관형절 혹은 부사절로 만들고, 관형절을 안은문장 혹은 부사절을 안은문장으로 표현하게 하는 다양한 놀이를 소개하였다. 『민이네 아침 풍경』 편에서 다루고 있는 구문촉진 활동을 요약하면 〈표 3-2〉와 같다.

〈표 3-2〉 구문촉진 활동 요약표

	활동제목	활동내용
1	우리 가족 소개하기	〈우리 동네 사람들〉 그림판을 보면서 등장인물에 대한 설명을 듣고 찾아보거나 등장인물을 묘사하도록 하고, 그림 완성하기 놀이를 한다.
2	아침 풍경 이야기	〈민이네 아침 풍경〉 그림판을 보면서 그 내용을 익히고 선생님의 유도에 따라 각 등장인물의 모습과 행동을 여러 단문으로 표현해 보도록 한다.
3	긴 문장 만들기 놀이	먼저 각 등장인물이 있는 조각 그림을 보고 가장 기본이 되는 표현을 단문으로 표현하도록 한다. 다음으로 의미적인 확장내용을 단문으로 첨가하여 만든다. 마지막으로 기본문장과 확장문장을 연결해서 다양한 복문으로 만들 수 있도록 각각의 구체적인 예시문을 제시하였다.

4	메모리 게임	똑같은 그림 두 장이 어디에 있었는지를 잘 기억해서 맞히는 게임이다. 이 게임은 간단한 사물그림이나 도형을 사용해서 단순히 기억력과 집중력을 증진시키기 위한 활동으로 진행될 수도 있다. 여기에서는 길이가 짧은 문장을 구사하는 아동에게 보다 풍부한 구문을 표현하게 하기 위해 구문표현 게임으로 재구성하였다. 아동의 구문능력에 따라 구문표현의 난이도를 단계별로 나누어 각각의 예문을 제시하였다.
5	장벽 게임: 집 완성하기	구문 이해 및 표현을 촉진하기 위한 장벽 게임 활동이다. 주로 관형절을 안은문장과 대등하게 이어진문장을 목표언어로 구성하였으며, 난이도에 따라 2~4단계로 나누어 예문을 제시하였다.
6	장벽 게임: 집 안 꾸미기	
7	우노!	아동들이 즐겨 하는 우노카드 혹은 원카드 게임을 이용하여 구문 이해 및 표현을 촉진하는 활동이다. 한 개의 관형절을 안은문장부터 시작하여 두 개 이상의 절을 안은문장까지 난이도에 따라 예문을 제시하였다.
8	고 피쉬 (Go Fish)!	자기가 가지고 있는 카드를 설명하여 다른 사람에게 같은 그림이 있는지를 물어보고 같은 그림이 있는 카드를 내려놓는 방법으로 구성된 게임이다. 이 게임에서는 주로 관형절을 안은문장과 관형절 속에 대등하게 이어진문장을 안은문장의 연습이 이루어지도록 하였다. 구문복잡성에 따라 각 카드에 대한 표현방법을 3단계로 나누어 예문을 제시하였다.
9	우리 동네 꾸미기	카드에 적혀 있는 내용을 보고 우리 동네의 모습을 꾸미는 활동이다. 먼저 집 그림을 완성한 후에 이를 사용해 동네 약도를 꾸미도록 구성하였다. 'A가 ~하는 동안 B는 ~하다'의 구문을 익힐 수 있도록 지시문을 구성하였으며, 이때 사용할 목표구문의 예를 제시하였다.
10	상상그림 그리기	어떤 사건의 그림을 보고 전후에 어떤 일이 있었는지를 상상해서 그림으로 표현한 다음 이를 '-전에' '-나서/-후에/-다음에'의 구문으로 표현하도록 하는 활동이다. 관형절과 부사절의 연습을 통해 사건의 전후를 간단한 스크립트로 표현해 보는 훈련을 하도록 한다.
11	마임	문장카드에 적혀 있는 지시문에 따라 동작을 하도록 하는 활동과 선생님의 마임 동작을 보고 문장으로 묘사하는 활동으로 구성되었다. '-면서' 혹은 '-고/-ㄴ 채'를 이해하고 표현하는 연습을 한다.

활동 1

우리 가족 소개하기

활동목표

인물 묘사하기 활동을 통해 관형절을 안은문장 또는 관형절 속에 '-고'로 대등하게 이어진문장이 포함된 문장을 이해하고 표현할 수 있다.

목표구문

관형절을 안은문장, 관형절 속에 '-고'로 대등하게 이어진문장이 포함된 문장

자료

〈우리 동네 사람들〉 그림판(〈민이네 아침 풍경〉 그림판의 뒷면에 있음), 워크북 5쪽의 활동지

활동방법

- 〈우리 동네 사람들〉 그림판을 보면서 선생님이 묘사하는 사람을 듣고 찾게 한다. 목표언어는 다음의 '목표언어의 예-우리 동네 사람들 찾기'를 참조하고, 난이도는 아동의 수준에 맞추어 조절한다. 아동이 찾고 나면 선생님은 그 사람의 소개 내용을 읽어 보고 아동에게 알려 주거나 아동과 함께 읽는다.
- 역할을 바꾸어 선생님이 〈우리 동네 사람들〉 그림판을 보면서 아동이 묘사하는 사람을 듣고 찾는다. 이때 아동이 불완전한 정보를 주면 선생님은 아동이 더 자세한 정보를 주도록 다음의 '아동 발화 유도의 예'와 같이 유도한다.

아동 발화 유도의 예

아동 발화	선생님 발화
안경 낀 사람 찾아보세요.	안경 낀 사람이 세 명 있는데?
안경 낀 아저씨요.	안경 낀 아저씨도 두 명인데?
넥타이를 맨 아저씨요.	아, 안경 끼고 넥타이를 맨 아저씨! 다시 한 번 말해 줄래?
안경 끼고 넥타이를 맨 아저씨 찾아보세요.	

- 워크북의 그림을 잘라 그림 완성하기 놀이를 한다. 아동에게 활동지를 주고 선생님의 설명에 따라 그리게 한다. '목표언어의 예-그림 완성하기'를 참조한다.

목표언어의 예-우리 동네 사람들 찾기

가족	이름	단계	목표언어
1층	경미	1	머리를 하나로 묶은 아이는 어디에 있나요? 분홍색 블라우스를 입은 아이는 어디에 있나요? 노란 치마를 입은 아이는 어디에 있나요?
		2	머리를 하나로 묶고 분홍색 블라우스와 노란 치마를 입은 아이는 어디에 있나요?
	지수	1	휠체어에 앉아 있는 아이는 어디에 있나요? 앞니 빠진 아이는 어디에 있나요?
		2	휠체어에 앉아 있고 앞니 빠진 아이는 어디에 있나요?
	선미	1	교복을 입은 중학생은 어디에 있나요? 가방을 든 중학생은 어디에 있나요? 여자 중학생은 어디에 있나요?
		2	교복을 입고 가방을 든 여자 중학생은 어디에 있나요?
	지수 엄마	1	앞치마를 입은 아줌마는 어디에 있나요? 파마머리인 아줌마는 어디에 있나요?
		2	앞치마를 입고 파마머리인 아줌마는 어디에 있나요?

	지수 아빠	1	넥타이를 맨 아저씨는 어디에 있나요? 책(서류, 파일)을 들고 있는 아저씨는 어디에 있나요?
		2	넥타이를 매고 책(서류, 파일)을 들고 있는 아저씨는 어디에 있나요?
	지수 할아버지	1	뒷짐을 진 할아버지는 어디에 있나요? 구부정하게 서 있는 할아버지는 어디에 있나요?
		2	뒷짐을 지고 구부정하게 서 있는 할아버지는 어디에 있나요?
2층	정아	1	머리를 양 갈래로 묶은 아이는 어디에 있나요? 사탕을 들고 있는 아이는 어디에 있나요?
		2	머리를 양 갈래로 묶고 사탕을 들고 있는 아이는 어디에 있나요?
	정아 엄마	1	반바지를 입은 아줌마는 어디에 있나요? 아기를 안고 있는 아줌마는 어디에 있나요?
		2	반바지를 입고 아기를 안고 있는 아줌마는 어디에 있나요?
	정아 아빠	1	검정색 반바지를 입은 아저씨는 어디에 있나요? 콧수염을 기른 아저씨는 어디에 있나요?
		2	검정색 반바지를 입고 콧수염을 기른 아저씨는 어디에 있나요?
	정아 할머니	1	민소매 옷을 입은 할머니는 어디에 있나요? 파마머리를 한 할머니는 어디에 있나요?
		2	민소매 옷을 입고 파마머리를 한 할머니는 어디에 있나요?
3층	민이	1	안경을 낀 아이는 어디에 있나요? 주머니가 있는 바지를 입은 아이는 어디에 있나요?
		2	안경을 끼고 주머니가 있는 바지를 입은 아이는 어디에 있나요?
	민이 엄마	1	꽃무늬 치마를 입은 아줌마는 어디에 있나요? 높은 구두를 신은 아줌마는 어디에 있나요?
		2	꽃무늬 치마를 입고 높은 구두를 신은 아줌마는 어디에 있나요?
	민이 아빠	1	주황색 슬리퍼를 신은 아저씨는 어디에 있나요? 노란색 체크무늬 반바지를 입은 아저씨는 어디에 있나요?
		2	주황색 슬리퍼를 신고 노란색 체크무늬 반바지를 입은 아저씨는 어디에 있나요?
	민이네 강아지	1	목에 빨간 리본을 맨 강아지는 어디에 있나요?
		2	목에 빨간 리본을 매고 앉아 있는 강아지는 어디에 있나요?

목표언어의 예 – 그림 완성하기

이름	목표언어
민이	안경 쓴 아이는 민이에요. 민이는 반팔 옷을 입고 주머니가 있는 반바지를 입었어요.
정아	머리를 양 갈래로 묶은 아이는 정아예요. 정아는 반팔 옷에 반바지를 입고 사탕을 들고 있어요.
지수 엄마	파마머리를 한 아줌마는 지수엄마예요. 지수엄마는 반팔 옷에 긴 치마를 입고, 앞치마를 둘렀어요.
지수 아빠	안경을 쓴 아저씨는 지수아빠예요. 지수아빠는 반팔 와이셔츠를 입고 긴 바지를 입고 넥타이를 맸어요.

한 걸음 더!

- 아동이 목표언어에 익숙해지면 선생님과 아동이 번갈아 찾기 게임을 진행할 수 있으며, 이때에는 "머리를 양 갈래로 묶은 아이의 이름은 무엇인가요?" 식으로 질문을 바꾸거나 "머리를 양 갈래로 묶은 아이 옆에는 누가 있나요?"와 같이 난이도를 높이는 등의 방법을 써 볼 수 있다.

활동 2

아침 풍경 이야기

활동목표

〈민이네 아침 풍경〉 그림판을 보고 등장인물의 모습과 행동을 3~5어 조합의 단문으로 묘사할 수 있다.

목표구문

주요 문장성분을 갖춘 3~5어 조합의 단문

자료

〈민이네 아침풍경〉 그림판, 워크북 6~7쪽의 활동지, 〈평가와 중재 기록지〉의 '8. 구문중재 결과 기록지 1'

활동방법

- 〈민이네 아침 풍경〉 그림판을 아동과 함께 본다.
- 선생님이 다음의 예와 같이 그림 전체의 배경정보와 활동방법을 제공한다.

  예 여기는 민이네 동네예요. 민이는 3층 건물의 맨 위층에 살고 있어요. 1층과 2층에는 다른 가족들이 살고 있어요. 지금은 아침이라서 모두 바쁘게 움직이고 있어요. 다들 무엇을 하고 있는지 한 명씩 살펴봐요. 먼저 민이네 가족부터 이야기해 볼까요?
- 선생님이 3층의 민이네 가족을 손가락으로 짚으며 소개한다.

  예 3층에는 아빠랑 엄마랑 민이가 있네요.

- 아동이 그림을 보면서 목표문장들을 사용하며 등장인물을 묘사하도록 유도한다. 목표문장은 〈평가와 중재 기록지〉의 '8. 구문중재 결과 기록지 1'을 참조한다. 목표문장을 유도하는 방법은 다음의 표를 참조한다.

목표문장 유도 방법의 예

아동 발화	선생님 반응	선생님 유도질문
똥 눠요.	민이가 똥을 누고 있구나.	민이가 어디에 있지?
화장실에 있어요.	민이가 화장실에 있어.	민이가 똥 누면서 뭐하지?
만화책 보고 있어요.	민이가 만화책을 보고 있구나.	민이 얼굴 표정이 어때?
찡그리고 있어요.	민이가 얼굴을 찡그리고 있구나.	

- 워크북의 활동지를 꺼내고 각 인물에 대해 유도되었던 4~5개 문장들을 말해보는 게임을 한다. 아동이 한 가지씩 말할 때마다 활동지의 얼굴그림에 표시(예 스티커, 도장, 동그라미 등)를 한다.
- 민이네 가족에 대한 묘사가 끝나면 선생님이 한 문장으로 연결해서 정리한다.
  예 3층은 민이네 집이에요. 아빠는 신문 보고 민이는 똥을 누고 엄마는 화장을 하고 있어요.
- 2층과 1층 및 거리 장면도 앞의 과정과 동일한 방법으로 진행한다.

한 걸음 더!

- 아동 혼자 모든 그림을 묘사하기 어려운 경우, 선생님과 번갈아 할 수 있다.

활동 3

긴 문장 만들기 놀이

활동목표

인물의 동작이 표현된 장면그림을 보고 여러 개의 단문을 조합해 다양한 복문으로 묘사할 수 있다.

목표구문

다양한 복문: 대등하게 이어진문장, 관형절을 안은문장, 부사절을 안은문장

자료

워크북 8~22쪽의 활동지, 〈평가와 중재 기록지〉의 '9. 구문중재 결과 기록지 2'

활동방법

- 워크북의 그림을 잘라 준비한다.
- 선생님은 〈평가와 중재 기록지〉의 '9. 구문중재 결과 기록지 2'에 있는 해당 기록지를 준비한다.
- 아동에게 등장인물의 이름을 알려 주고 기록지에 제시된 핵심어휘를 알고 있는지 확인한다.
- 아동에게 그림의 내용을 문장으로 표현하도록 하고 그 내용을 기록지의 표에 있는 '아동 발화' 항목에 받아 적는다. 이때 목표문장들 중 아동의 구문 수준과 같거나 가장 근접한 문장을 골라 그 줄에 적고, '평가' 항목에 '+'라고 표시한다. 이를 제외한 문장들이 목표문장이 된다.

아동 발화 기록의 예

	목표문장		아동 반응	
			아동 발화	평가 (+, −)
기본	0	민이가 똥을 누고 있어요.		
첨가	A	민이가 화장실에 있어요.		
	B	민이가 만화책을 보고 있어요.	*	
	C	민이가 얼굴을 찡그리고 있어요.	*	
확장	0+A	민이가 화장실에서 똥을 누고 있어요.	민이가 화장실에서 똥 눠요.	+
	0+B	민이가 만화책을 보면서 똥을 누고 있어요.	*	
	0+C	민이가 일굴을 찡그리고 똥을 누고 있어요.	*	
	기타		*	
심화	0+A+B +C	민이가 화장실에서 만화책을 보면서 얼굴을 찡그리고 똥을 누고 있어요.	*	

* 표시가 목표문장임.

- 아동과 그림을 보면서 목표문장들을 표현하도록 유도한다. 이때 '기본'과 '첨가' 유형을 조합해 '확장' 유형의 문장을 만들 수 있으며, 세 가지 이상의 문장을 조합해 심화문장까지 유도해 볼 수 있다.
- '기본'과 '첨가' 유형의 문장들을 유도할 때 색연필을 사용하여 그 내용에 해당하는 부분을 그림에 표시하거나 색칠하는 등의 방법으로 변별을 도울 수 있다.
- 아동이 표현한 문장을 기록지의 '아동 발화' 항목에 적고, '+' 또는 '−'로 표시하여 평가한다.
- 문장을 읽고 이해할 수 있는 아동의 경우, 워크북에서 문장카드를 잘라 이를 읽으면서 문장을 조합하도록 유도할 수 있다.

활동 4

메모리 게임

활동목표

- 동작그림카드로 메모리 게임을 하면서 관형절을 안은문장을 산출할 수 있다.
- 동작그림카드로 메모리 게임을 하면서 '-고'로 이어진문장을 산출할 수 있다.

목표구문

관형절, 관형절을 안은문장, '-고'로 대등하게 이어진문장

자료

워크북 23~24쪽의 활동지

활동방법

- 게임용 카드 세트 ①과 ②를 모두 오린다.
- 카드를 한 장씩 보며 '목표언어의 예-카드 묘사하기'를 참조하여 그림을 묘사하도록 한다.
- 카드는 12장의 동작그림 두 세트(총 24장)로 이루어져 있는데, 이 중 아동의 언어 수준을 고려해서 목표 카드들을 선별하여 고른 후 아동의 기억능력을 고려해 메모리 게임을 할 카드 개수를 정한다.
- 카드 세트를 무작위로 섞은 다음 그림이 보이지 않도록 뒤집어서 다음과 같

이 배열한다.

예 카드 6장 두 세트의 경우 　　　　카드 8장 두 세트의 경우

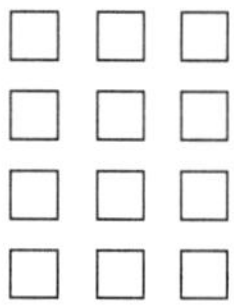

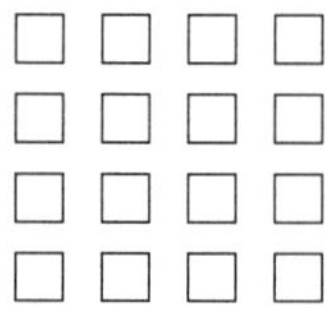

- 선생님이 먼저 시범을 보이기 위해 두 장의 그림을 골라 뒤집어 놓고 그림의 내용을 문장으로 표현한다. 이때 선생님은 아동의 수준에 따라 표현해야 할 문장의 난이도를 결정하여 모델링해 준다. 난이도별 목표문장들은 '목표언어의 예-메모리 게임'을 참조한다.
- 뒤집은 그림카드의 내용을 목표언어로 표현해야만 게임을 진행할 수 있음을 아동에게 알려 준다.
- 선택한 두 장의 그림카드가 같으면 두 장을 모두 가져갈 수 있다. 두 장의 그림카드가 같지 않으면 원래 자리에 다시 뒤집어 놓는다.
- 게임 참여자는 한 번 카드가 뒤집힐 때마다 그 내용을 잘 기억해 두었다가 같은 그림을 찾아내야 한다.
- 모든 그림카드의 짝을 찾아 남은 카드가 없게 되면 게임이 종료된다. 각자 가져간 카드의 수를 세어 많이 가진 사람이 이긴다.

한 걸음 더!

- 게임 종료 후 자기가 가진 카드를 묘사하게 하는 방식으로 목표언어를 복습할 수 있다.
- 카드 묘사하기를 할 때 카드를 색칠하거나 꾸미는 활동을 통해 목표언어를 미리 연습할 수 있다.

목표언어의 예-카드 묘사하기

카드	목표언어의 예
①	화분에 물을 주고 있는 할아버지
	허리가 구부정한 할아버지가 화분에 물을 줘요.
	허리가 구부정한 할아버지가 거실에 있는 화분에 물을 줘요.
②	화장을 하고 있는 엄마(아줌마)
	옷을 차려입은 엄마(아줌마)가 화장을 하고 있어요.
	옷을 차려입은 엄마(아줌마)가 거울을 보면서 화장을 하고 있어요.
③	신문을 보고 있는 아빠(아저씨)
	안경 쓴 아빠(아저씨)가 신문을 보고 있어요.
	안경 쓴 아빠(아저씨)가 텔레비전을 켜 놓고 신문을 보고 있어요.
④	아기에게 우유를 먹이는 엄마(아줌마)
	머리를 묶은 엄마(아줌마)가 아기에게 우유를 먹이고 있어요.
	머리를 묶은 엄마(아줌마)가 바닥에 앉아서 아기에게 우유를 먹이고 있어요.
⑤	화장실에서 똥 누는 아이
	안경을 낀 아이가 화장실에서 똥을 누고 있어요.
	안경을 낀 아이가 만화책을 보면서 똥을 누고 있어요.
⑥	자전거 옆에 서 있는 형(오빠)
	교복을 입은 형(오빠)이 자전거 옆에 서 있어요.
	교복을 입은 형(오빠)이 귀에 이어폰을 꽂고 자전거 옆에 서 있어요.
⑦	강아지 데리고 운동하는 아줌마
	머리띠를 한 아줌마가 강아지를 데리고 운동을 해요.
	머리띠를 하고 수건을 든 아줌마가 강아지를 데리고 운동을 해요.
⑧	아령 들고 운동하는 아줌마
	모자를 쓴 아줌마가 아령 들고 운동을 해요.
	모자를 쓴 아줌마가 음악을 들으면서 아령 들고 운동을 해요.
⑨	바쁘게 걸어가는 아저씨
	가방을 든 아저씨가 바쁘게 걸어가요.
	가방을 든 아저씨가 시계를 보면서 바쁘게 걸어가요.
⑩	젓가락으로 반찬을 집는 아빠(아저씨)
	콧수염이 난 아빠(아저씨)가 젓가락으로 반찬을 집어요.
	콧수염이 난 아빠(아저씨)가 젓가락으로 밥상에 놓인 반찬을 집어요.
⑪	밥을 먹는 여자아이
	뚱뚱한 여자아이가 밥을 먹어요.
	뚱뚱한 여자아이가 입을 크게 벌리고 밥을 먹어요.
⑫	컵에 물을 따르는 할머니
	민소매 옷을 입은 할머니가 컵에 물을 따라요.
	민소매 옷을 입은 할머니가 무릎을 꿇고 앉아서 컵에 물을 따라요.

목표언어의 예 – 메모리 게임

① '화분에 물을 주고 있는 할아버지'와 '컵에 물을 따르는 할머니'를 골랐을 때

문장유형	표현의 예
관형절	화분에 물을 주고 있는 할아버지 컵에 물을 따르는 할머니
	화분에 물을 주고 있는 할아버지랑(하고) 컵에 물을 따르는 할머니
대등하게 이어진문장	할아버지는 화분에 물을 주고, 할머니는 컵에 물을 따라요.
관형절을 안은문장	화분에 물을 주고 있는 할아버지랑(하고) 컵에 물을 따르는 할머니가 나왔어요.
	민소매 옷을 입은 할머니가 컵에 물을 따라요. 허리가 구부정한 할아버지가 화분에 물을 줘요.
2개 이상의 안은문장 연결	민소매 옷을 입은 할머니가 컵에 물을 따르고 있고, 허리가 구부정한 할아버지가 화분에 물을 주고 있어요.

② '걸어가는 아저씨'와 '운동하는 아줌마'를 골랐을 때

문장유형	표현의 예
관형절	바쁘게 걸어가는 아저씨 운동하는 아줌마
	바쁘게 걸어가는 아저씨랑(하고) 아령 들고 운동하는 아줌마
대등하게 이어진문장	아저씨는 바쁘게 걸어가고, 아줌마는 운동을 해요.
관형절을 안은문장	바쁘게 걸어가는 아저씨랑(하고) 운동하는 아줌마가 나왔어요.
	가방을 든 아저씨가 바쁘게 걸어가요. 모자를 쓴 아줌마가 운동하고 있어요.
2개 이상의 안은문장 연결	가방을 든 아저씨가 바쁘게 걸어가고 있고, 모자를 쓴 아줌마가 운동하고 있어요.

활동 5

장벽 게임: 집 완성하기

활동목표

- 장벽 게임의 장소카드에 있는 그림을 보고 관형절, '-면서' '-(어/아)서'가 포함된 부사절을 안은 관형절, '-고'로 대등하게 이어진문장을 안은 관형절 등으로 묘사할 수 있다.
- 장벽 게임을 하면서 1~2개의 관형절을 안은문장, 2개가 '-고'로 대등하게 이어진문장 등을 이해하고 표현할 수 있다.
- 완성된 집 그림을 보고 기본 단문을 '-고'로 대등하게 이어진문장, 1~3개의 관형절을 안은문장 등으로 확장해 묘사할 수 있다.

목표구문

관형절, 1개의 관형절을 안은문장, 2개의 관형절을 안은문장, 3개의 관형절을 안은문장, '-면서' '-(어/아)서'가 포함된 부사절을 안은문장, ' -고'로 대등하게 이어진문장

자료

워크북 25~28쪽의 활동지

활동방법

- 집 그림판과 장소카드 세트를 모두 오려 준비한다.
- 선생님과 아동이 집 그림판 1개와 장소카드 세트 1개씩을 나눠 갖는다.
- 게임을 시작하기 전에 장소카드를 한 장씩 보여 주며 그 내용을 관형절로 묘사하게 한다. 이때의 목표언어는 '목표언어의 예-카드 묘사하기'를 참조한다.
- 선생님이 먼저 시범을 보이기 위해 "꽃에 물을 주고 있는 할아버지를 골라 1층 거실에 붙이세요."라고 말하고 해당 장소카드를 골라 집에 붙인다. 이때 선생님은 아동의 수준에 따라 지시할 문장의 난이도를 결정하여 모델링해 준다. 난이도의 예시는 '목표언어의 예-장벽 게임'을 참조한다.
- 집 그림판을 각자의 앞에 놓고 장소카드는 그림판 옆이나 위쪽에 펼쳐 놓는다.
- 선생님과 아동 사이에 장벽을 놓는다.
- 선생님이 자기 앞에 펼쳐 놓은 장소카드 중 한 장을 집어 그 내용이 포함된 목표언어로 지시한다. 아동이 지시를 듣고 해당 장소카드를 골라 집 그림판에 붙이는 동안 선생님도 집 그림판에 해당 장소카드를 붙인다.
- 아동이 장소카드를 붙이면 다음 목표언어로 넘어간다.
- 집 그림판이 채워지면 장벽을 치우고 서로 똑같이 붙였는지 확인한다.
- 완성된 집 그림을 보면서 목표언어로 집을 묘사하게 한다. '목표언어의 예-집 묘사하기'를 참조한다.

한 걸음 더!

- 아동의 수준에 따라서 장소카드를 붙일 때마다 장벽을 치우고 맞았는지 확인해 가면서 게임을 진행할 수도 있다.
- 앞의 게임을 한 후 역할을 바꾸어 아동이 지시를 하고 선생님이 듣고 붙일 수도 있다.
- 게임 중에 서로 번갈아 가며 지시를 할 수도 있다.
- 게임을 하기 전에 장소카드를 사용하여 묘사하기, 색칠하기, 듣고 고르기, 메모리 게임 등의 사전 활동을 하면 도움이 된다.

- 정보가 정확히 전달되지 않은 상황에서는 다음의 예와 같이 명료화 및 명료화 요구하기 기술을 가르칠 수도 있다.

  예 아빠가 신문 보고 있는 그림을 어디에 붙이라고요?

  기억이 안 나요. 다시 말해 주세요.

- 확인 단계에서 아동이 잘못된 위치에 그림을 붙였을 경우에는 선생님의 것과 다른 점을 아동에게 묘사하도록 할 수 있다. 또는 아동의 설명을 듣고 선생님이 일부러 틀린 위치에 그림을 붙이고 아동이 틀린 곳을 지적하고 설명하도록 할 수도 있다.
- 1, 2, 3층 대신에 위치어를 사용하여 표현할 수도 있다.

  예 '맨 위층 거실' '가운데 층 거실' '맨 아래층 거실'

목표언어의 예–카드 묘사하기

카드	목표언어의 예
①	• 아빠가 신문 보는 그림 • 아빠가 소파에 앉아 신문 보는 그림 • 신문 보는 아빠 • 소파에 앉아 신문 보는 아빠
②	• 아이가 똥 누는 그림 • 아이가 만화책을 보면서 똥 누는 그림 • 똥 누는 아이 • 만화책을 보면서 똥 누는 아이
③	• 강아지가 책을 물어뜯고 있는 그림 • 강아지가 주인 몰래 책을 물어뜯고 있는 그림 • 책을 물어뜯고 있는 강아지 • 주인 몰래 책을 물어뜯고 있는 강아지
④	• 장난감이 어질러져 있는 방 • 놀이매트 위에 장난감이 어질러져 있는 방 • 아무도 없고 장난감이 어질러져 있는 방
⑤	• 벽에 욕조가 걸려 있는 화장실 • 아무도 없고 벽에 욕조가 걸려 있는 화장실 • 벽에 욕조가 걸려 있고 바닥에 체중계가 있는 화장실

⑥	• 바닥에 책이 널려 있는 방 • 벽에 훌라후프랑 줄넘기가 걸려 있는 방 • 바닥에 책이 널려 있고 벽에 훌라후프랑 줄넘기가 걸려 있는 방
⑦	• 할아버지가 화분에 물을 주는 그림 • 허리가 구부정한 할아버지가 화분에 물을 주는 그림 • 화분에 물을 주는 할아버지 • 소파 옆에 서서 화분에 물을 주는 할아버지
⑧	• 아빠가 아이 머리를 감겨 주는 그림 • 아빠가 휠체어에 앉아 있는 아이 머리를 감겨 주는 그림 • 아이 머리를 감겨 주는 아빠 • 휠체어에 앉아 있는 아이 머리를 감겨 주는 아빠
⑨	• 새와 고양이가 방 안을 들여다보는 그림 • 새와 고양이가 창틀에 앉아 방 안을 들여다보는 그림 • 새와 고양이가 창틀에 앉아 아무도 없는 방 안을 들여다보는 그림 • 방 안을 들여다보는 새와 고양이 • 창틀에 앉아 방 안을 들여다보는 새와 고양이 • 창틀에 앉아 아무도 없는 방 안을 들여다보는 새와 고양이

목표언어의 예－장벽 게임

난이도	표현의 예
1	화분에 물을 주고 있는 할아버지를 고르세요. (아동이 이를 듣고 장소카드를 고른 후에 다음의 문장을 들려준다.) 화분에 물을 주고 있는 할아버지를 1층 거실에 붙이세요.
2	화분에 물을 주고 있는 할아버지를 골라서 1층 거실에 붙이세요.
3	화분에 물을 주고 있는 할아버지랑 똥을 누고 있는 아이를 고르세요. (아동이 이를 듣고 장소카드를 고른 후에 다음의 문장을 들려준다.) 화분에 물을 주고 있는 할아버지는 1층 거실에 붙이고, 똥을 누고 있는 아이는 3층 화장실에 붙이세요.
4	화분에 물을 주고 있는 할아버지는 1층 거실에 붙이고, 똥을 누고 있는 아이는 3층 화장실에 붙이세요.

목표언어의 예-집 묘사하기

난이도	표현의 예
1	아빠가 3층 거실에서 신문을 보고 있어요. 아이가 화장실에서 똥을 누고 있어요. 강아지가 방에서 책을 물어뜯고 있어요.
2	① 아빠가 3층 거실에서 신문을 보고 있고, 아이가 화장실에서 똥을 누고 있고, 강아지가 방에서 책을 물어뜯고 있어요. ② 3층에는 거실에서 신문을 보고 있는 아빠가 있어요. 화장실에는 똥을 누는 아이가 있어요. 방에는 책을 물어뜯고 있는 강아지가 있어요.
3	3층에는 거실에서 신문을 보고 있는 아빠와 화장실에서 똥을 누고 있는 아이와 방에서 책을 물어뜯고 있는 강아지가 있어요.

활동 6

장벽 게임: 집 안 꾸미기

활동목표

- 관형절을 안은문장을 듣고 이해하여 장면그림을 꾸밀 수 있다.
- 꾸며진 장면그림을 보고 기본 단문을 확장하여 관형절을 안은문장으로 묘사할 수 있다.

목표구문

관형절을 안은문장

자료

워크북 29～37쪽의 활동지, 5색 색연필(빨강, 노랑, 파랑, 초록, 주황), 연필

활동방법

- 워크북에서 부엌, 화장실, 방 중에서 한 가지 장소를 고른다.
- 고른 장소에 해당하는 그림 두 장과 해당 지시카드 세트를 오린다.
- 예를 들어, 부엌 그림을 골랐다면 선생님은 부엌 그림 한 장과 부엌 지시카드 세트를 갖고, 아동에게는 부엌 그림 한 장을 준다.
- 선생님과 아동 사이에 장벽을 놓는다.
- 선생님이 지시카드 세트 중 한 장을 골라 다음의 예와 같이 지시문을 읽는다.

  예 상 차리고 있는 아줌마의 앞치마를 노란색으로 색칠하세요.

  '목표언어의 예-집 안 꾸미기'를 참조하여 지시문의 난이도를 조절한다.

- 아동이 선생님의 지시를 듣고 부엌 그림을 꾸미는 동안 선생님도 그림을 꾸민다.
- 장벽을 치우고 서로 똑같이 꾸몄는지 확인한다.
- 완성된 부엌 그림을 보면서 묘사한다. '목표언어의 예-그림 묘사하기'를 참조한다.
- 나머지 그림을 가지고 이와 같은 방법으로 진행한다.

한 걸음 더!

- 아동의 수준에 따라서 장소 그림을 꾸밀 때마다 장벽을 치우고 맞았는지 확인해 가면서 게임을 진행할 수도 있다.
- 아동이 글을 읽을 수 있다면 역할을 바꾸어 아동이 지시를 하고 선생님이 듣고 꾸밀 수도 있다.
- 아동이 글을 읽을 수 없는 경우 선생님이 미리 그림을 꾸며 놓고 이를 보고 아동이 지시하게 할 수 있다.

목표언어의 예-집 안 꾸미기

① 부엌 지시카드: '상 차리고 있는 아줌마의 앞치마를 노란색으로 색칠하세요.'

난이도	표현의 예
1	노란색 색연필을 고르세요. 상 차리고 있는 아줌마의 앞치마를 찾아보세요. 상 차리고 있는 아줌마의 앞치마를 노란색으로 색칠하세요.
2	노란색 색연필을 고르세요. 상 차리고 있는 아줌마의 앞치마를 노란색으로 색칠하세요.
3	상 차리고 있는 아줌마의 앞치마를 노란색으로 색칠하세요.
4	상 차리고 있는 아줌마의 앞치마와 슬리퍼를 노란색으로 색칠하세요.

② 부엌 지시카드: '아줌마 맞은편에 있는 의자 밑에 고양이 한 마리를 그려 주세요.'

난이도	표현의 예
1	아줌마 맞은편에 있는 의자를 찾아보세요. 그 의자 밑에 고양이 한 마리를 그려 주세요.
2	아줌마 맞은편에 있는 의자 밑에 고양이 한 마리를 그려 주세요.
3	아줌마 맞은편에 있는 의자 밑에 주황색 고양이 한 마리를 그려 주세요.

목표언어의 예 – 그림 묘사하기

① 아줌마

난이도	표현의 예
1	아줌마가 상을 차리고 있어요. 아줌마가 노란색 앞치마를 입었어요. 아줌마가 노란색 슬리퍼를 신었어요.
2	노란색 앞치마를 입은 아줌마가 상을 차리고 있어요. 노란색 슬리퍼를 신은 아줌마가 상을 차리고 있어요.
3	노란색 앞치마를 입고 슬리퍼를 신은 아줌마가 상을 차리고 있어요.

② 고양이

난이도	표현의 예
1	아줌마 맞은편에 의자가 있어요. 의자 밑에 고양이 한 마리가 있어요.
2	아줌마 맞은편에 있는 의자 밑에 고양이 한 마리가 있어요.
3	아줌마 맞은편에 있는 의자 밑에 주황색 고양이 한 마리가 있어요.

활동 7

우노!

활동목표

우노 게임카드에 있는 그림을 보고 관형절을 안은문장, 관형절 속에 관형절을 안은문장, 관형절 속에 '－면서' '－고, －(어/아)서' '－ㄴ 채'가 포함된 부사절을 안은문장 등으로 묘사하면서 게임을 할 수 있다.

목표구문

관형절을 안은문장, 관형절 속에 관형절을 안은문장, 관형절 속에 '－면서' '－고, －(어/아)서' '－ㄴ 채'가 포함된 부사절을 안은문장

자료

워크북 38～42쪽의 활동지

활동방법

- 네 가지 테두리 모양의 그림카드 세트와 조커카드 세트를 모두 오려 낱개의 그림카드로 만든다.
- 카드를 모두 섞어서 네 장씩 나눠 갖고, 나머지 카드를 모아 뒤집어 놓은 후 그 카드 더미에서 한 장을 뽑아 그림이 보이게 카드 더미 옆 바닥에 내려놓는다.
- 가위바위보로 순서를 정한다.
- 자기 차례가 되면 자기가 가진 카드 중에서 바닥에 놓여 있는 카드와 그림이

같거나 테두리 모양이 같은 카드가 있는지 확인한다. 만일 그림 혹은 테두리 모양이 같은 카드가 있다면, 그 카드를 바닥에 놓인 카드 위에 올려놓으면서 목표언어를 말한다.

예 앞치마를 입은 아줌마가 웃으면서 상을 차리는 그림 있어요.

- 만일 그림 혹은 테두리 모양이 같은 카드가 없다면, 목표언어를 말하고 나서 카드 더미의 맨 위에 있는 카드를 가져간다.

  예 앞치마를 입은 아줌마가 웃으면서 상을 차리고 있는 그림 없어요.
- 손에 들고 있는 카드를 먼저 모두 내려놓는 사람이 이긴다.
- 조커카드 사용방법: 조커카드는 테두리의 모양이 같을 경우에 낼 수 있다.
- 모양 바꾸기 카드: 카드를 내면서 원하는 모양을 말하면, 상대방은 자기 차례에서 바뀐 모양의 카드를 내야 한다.
- 한 장 가져가기 카드: 카드를 내면 상대방은 카드 더미에서 한 장을 가져가야 한다.

한 걸음 더!

- 목표언어는 아동의 수준에 따라 '목표언어의 예'를 참조하여 난이도를 조절한다.
- 조커카드의 개수를 늘리거나 줄여서 사용할 수 있다.
- 게임을 하기 전에 그림 설명하기, 색칠하기, 듣고 고르기, 메모리 게임 등의 사전 활동을 하면 도움이 된다.
- 카드가 한 장이 남으면 "우노/원카드"라고 외쳐야 하고 외치지 않았을 때는 카드 더미에서 한 장을 가져가야 하는 규칙을 넣을 수도 있다.

목표언어의 예

카드	난이도	표현의 예
1	1	아줌마가 상을 차리는 그림 있어요/없어요.
	2	앞치마를 입은 아줌마가 상을 차리는 그림 있어요/없어요.
	3	앞치마를 입은 아줌마가 웃으면서 상을 차리는 그림 있어요/없어요.
2	1	언니가 동생 머리를 묶어 주는 그림 있어요/없어요.
	2	교복 입은 언니가 동생 머리를 묶어 주는 그림 있어요/없어요.
	3	교복 입은 언니가 거울을 보는 동생 머리를 묶어 주는 그림 있어요/없어요.
3	1	아빠가 아이 머리를 감기는 그림 있어요/없어요.
	2	안경 쓴 아빠가 아이 머리를 감기는 그림 있어요/없어요.
	3	안경 쓴 아빠가 휠체어에 앉아 있는 아이 머리를 감기는 그림 있어요/없어요.
4	1	아줌마들이 운동하는 그림 있어요/없어요.
	2	아줌마들이 개를 데리고 운동하는 그림 있어요/없어요.
	3	머리띠를 한 아줌마와 모자를 쓴 아줌마가 개를 데리고 운동하는 그림 있어요/없어요.
5	1	고양이와 새가 창틀에 앉아 있는 그림 있어요/없어요.
	2	고양이와 새가 창틀에 앉아서 방 안을 들여다보는 그림 있어요/없어요.
	3	고양이와 새가 창틀에 앉아서 아무도 없는 방 안을 들여다보는 그림 있어요/없어요.
6	1	엄마가 아기에게 우유를 먹이는 그림 있어요/없어요.
	2	엄마가 바닥에 앉아서 아기에게 우유를 먹이는 그림 있어요/없어요.
	3	엄마가 무릎을 꿇고 바닥에 앉아서 아기에게 우유를 먹이는 그림 있어요/없어요.
7	1	아빠가 신문을 보는 그림 있어요/없어요.
	2	아빠가 소파에 앉아서 신문을 보는 그림 있어요/없어요.
	3	아빠가 텔레비전을 켠 채 소파에 앉아서 신문을 보는 그림 있어요/없어요.
8	1	강아지가 책을 물어뜯는 그림 있어요/없어요.
	2	강아지가 침대 밑에서 책을 물어뜯는 그림 있어요/없어요.
	3	강아지가 아무도 없는 방 안 침대 밑에서 책을 물어뜯는 그림 있어요/없어요.

활동 8

고 피쉬(Go Fish)!

활동목표

'고 피쉬(Go Fish)!' 게임카드를 보고 1개의 관형절을 안은문장, 2개의 관형절을 안은문장, 관형절 속에 '-고'로 대등하게 이어진문장을 안은문장 등으로 묘사하면서 게임을 할 수 있다.

목표구문

1~2개의 관형절을 안은문장, '-고'로 대등하게 이어진문장, 관형절 속에 '-고'로 대등하게 이어진문장을 안은문장

자료

워크북 43~46쪽의 활동지

활동방법

- 그림카드 세트를 모두 오려 낱개의 카드로 만든다.
- 준비된 카드를 섞어서 네 장씩 나눠 갖고, 나머지 카드를 모아 뒤집어 놓는다.
- 가위바위보로 순서를 정한다.
- 자기 카드 중에서 그림이 같은 카드쌍이 있으면 목표언어(예 유모차랑 텔레비전이 있는 그림이 두 장 있어요.)를 말하면서 내려놓고, 그림이 같은 카드쌍이 없으면 상대방한테 같은 그림이 있는지 목표언어(예 유모차랑 텔레비전이 있는 그림 있어요?)로 물어본다.

- 상대방에게 같은 그림의 카드가 있으면 그 카드를 받아 목표언어(예 유모차랑 텔레비전이 있는 그림이 두 장 있어요.)로 말하면서 자기 카드와 함께 내려놓는다.
- 그리고 다시 한 번 질문을 할 수 있는 기회(예 세면대랑 체중계가 있는 그림도 있어요?)를 얻는다. 만약 상대방이 "없어요."라고 말하면 카드 더미에서 카드 한 장을 가져간다.
- 더미에서 가져간 카드와 같은 그림이 자기 카드 중에 있으면 목표언어(예 세면대랑 체중계가 있는 그림이 두 장 있어요.)로 말하면서 카드쌍을 내려놓는다. 일단 더미에서 카드를 꺼내면 순서는 상대방으로 넘어간다.
- 아동의 수준에 따라 목표언어 수준을 조절한다. 난이도별 목표언어는 '목표언어의 예'를 참조한다.
- 손에 들고 있는 카드를 먼저 모두 내려놓는 사람이 이긴다.
- 게임이 끝난 후 자기가 내려놓은 그림들을 묘사한다.

한 걸음 더!

- 이 게임 전후에 장벽 게임 등의 방법으로 카드를 꾸미면서 목표언어를 연습할 수도 있다.

목표언어의 예

그림	난이도	표현의 예
1	1	• 세면대랑 체중계가 있는 그림 있어요? • 세면대랑 체중계가 있는 그림 두 장 있어요.
	2	• 세면대 밑에 체중계가 있는 그림 있어요? • 세면대 밑에 체중계가 있는 그림 두 장 있어요.
	3	• 세면대 밑에 체중계가 있고 창문이 있는 그림 있어요? • 세면대 밑에 체중계가 있고 창문이 있는 그림 두 장 있어요.

2	1	• 유모차랑 텔레비전이 있는 그림 있어요? • 유모차랑 텔레비전이 있는 그림 두 장 있어요.
	2	• 텔레비전 옆에 유모차가 있는 그림 있어요? • 텔레비전 옆에 유모차가 있는 그림 두 장 있어요.
	3	• 텔레비전 옆에 유모차가 있고, 유모차 옆에 숫자판이 걸려 있는 그림 있어요? • 텔레비전 옆에 유모차가 있고, 유모차 옆에 숫자판이 걸려 있는 그림 두 장 있어요.
3	1	• 책꽂이랑 달력이 있는 그림 있어요? • 책꽂이랑 달력이 있는 그림 두 장 있어요.
	2	• 책꽂이 위에 달력이 있는 그림 있어요? • 책꽂이 위에 달력이 있는 그림 두 장 있어요.
	3	• 책꽂이 위에 책이 있고 벽에 달력이 있는 그림 있어요? • 책꽂이 위에 책이 있고 벽에 달력이 있는 그림 두 장 있어요.
4	1	• 텔레비전이랑 시계가 있는 그림 있어요? • 텔레비전이랑 시계가 있는 그림 두 장 있어요.
	2	• 텔레비전 위에 시계가 있는 그림 있어요? • 텔레비전 위에 시계가 있는 그림 두 장 있어요.
	3	• 텔레비전 위 벽에 시계가 걸려 있는 그림 있어요? • 텔레비전 위 벽에 시계가 걸려 있는 그림 두 장 있어요.
5	1	• 텔레비전이랑 어항이 있는 그림 있어요? • 텔레비전이랑 어항이 있는 그림 두 장 있어요.
	2	• 텔레비전이 켜져 있고 그 옆에 어항이 있는 그림 있어요? • 텔레비전이 켜져 있고 그 옆에 어항이 있는 그림 두 장 있어요.
	3	• 텔레비전에서 뉴스가 나오고 그 옆에 어항이 있는 그림 있어요? • 텔레비전에서 뉴스가 나오고 그 옆에 어항이 있는 그림 두 장 있어요.
6	1	• 책상이랑 옷이 있는 그림 있어요? • 책상이랑 옷이 있는 그림 두 장 있어요.
	2	• 책상 밑에 옷이 있는 그림 있어요? • 책상 밑에 옷이 있는 그림 두 장 있어요.
	3	• 컴퓨터 책상 밑에 체크무늬 옷이 있는 그림 있어요? • 컴퓨터 책상 밑에 체크무늬 옷이 있는 그림 두 장 있어요.

<table>
<tr><td rowspan="3">7</td><td>1</td><td>• 식탁에 빵이랑 과일이 있는 그림 있어요?
• 식탁에 빵이랑 과일이 있는 그림 두 장 있어요.</td></tr>
<tr><td>2</td><td>• 식탁에 빵이랑 과일이 차려져 있는 그림 있어요?
• 식탁에 빵이랑 과일이 차려져 있는 그림 두 장 있어요.</td></tr>
<tr><td>3</td><td>• 아무도 없는 식탁에 빵이랑 과일이 차려진 그림 있어요?
• 아무도 없는 식탁에 빵이랑 과일이 차려진 그림 두 장 있어요.</td></tr>
<tr><td rowspan="3">8</td><td>1</td><td>• 가방이랑 책이 있는 그림 있어요?
• 가방이랑 책이 있는 그림 두 장 있어요.</td></tr>
<tr><td>2</td><td>• 지퍼가 열린 가방이랑 책이 있는 그림 있어요?
• 지퍼가 열린 가방이랑 책이 있는 그림 두 장 있어요.</td></tr>
<tr><td>3</td><td>• 지퍼가 열린 가방이랑 펼쳐진 책이 있는 그림 있어요?
• 지퍼가 열린 가방이랑 펼쳐진 책이 있는 그림 두 장 있어요.</td></tr>
<tr><td rowspan="3">9</td><td>1</td><td>• 훌라후프랑 줄넘기가 있는 그림 있어요?
• 훌라후프랑 줄넘기가 있는 그림 두 장 있어요.</td></tr>
<tr><td>2</td><td>• 훌라후프랑 줄넘기가 벽에 걸려 있는 그림 있어요?
• 훌라후프랑 줄넘기가 벽에 걸려 있는 그림 두 장 있어요.</td></tr>
<tr><td>3</td><td>• 창문 옆에 훌라후프랑 줄넘기가 걸려 있는 그림 있어요?
• 창문 옆에 훌라후프랑 줄넘기가 걸려 있는 그림 두 장 있어요.</td></tr>
<tr><td rowspan="3">10</td><td>1</td><td>• 고양이가 있는 그림 있어요?
• 고양이가 있는 그림 두 장 있어요.</td></tr>
<tr><td>2</td><td>• 화단 위에 고양이가 있는 그림 있어요?
• 화단 위에 고양이가 있는 그림 두 장 있어요.</td></tr>
<tr><td>3</td><td>• 집 옆 화단 위에 고양이가 있는 그림 있어요?
• 집 옆 화단 위에 고양이가 있는 그림 두 장 있어요.</td></tr>
<tr><td rowspan="3">11</td><td>1</td><td>• 빨래가 널려 있는 그림 있어요?
• 빨래가 널려 있는 그림 두 장 있어요.</td></tr>
<tr><td>2</td><td>• 빨래가 빨랫줄에 널려 있는 그림 있어요?
• 빨래가 빨랫줄에 널려 있는 그림 두 장 있어요.</td></tr>
<tr><td>3</td><td>• 빨랫줄에 널린 빨래가 바람에 흔들리는 그림 있어요?
• 빨랫줄에 널린 빨래가 바람에 흔들리는 그림 두 장 있어요.</td></tr>
<tr><td rowspan="3">12</td><td>1</td><td>• 장난감이 있는 그림 있어요?
• 장난감이 있는 그림 두 장 있어요.</td></tr>
<tr><td>2</td><td>• 장난감이 어질러진 그림 있어요?
• 장난감이 어질러진 그림 두 장 있어요.</td></tr>
<tr><td>3</td><td>• 매트 위에 장난감이 어질러진 그림 있어요?
• 매트 위에 장난감이 어질러진 그림 두 장 있어요.</td></tr>
</table>

13	1	• 변기랑 욕조가 있는 그림 있어요? • 변기랑 욕조가 있는 그림 두 장 있어요.
	2	• 변기랑 벽에 걸린 욕조가 있는 그림 있어요? • 변기랑 벽에 걸린 욕조가 있는 그림 두 장 있어요.
	3	• 변기 옆에 욕조가 걸린 그림 있어요? • 변기 옆에 욕조가 걸린 그림 두 장 있어요.
14	1	• 화장대랑 액자가 있는 그림 있어요? • 화장대랑 액자가 있는 그림 두 장 있어요.
	2	• 화장대랑 액자 세 개가 걸려 있는 그림 있어요? • 화장대랑 액자 세 개가 걸려 있는 그림 두 장 있어요.
	3	• 화장대 위에 로션이랑 빗이 있고 벽에 액자 세 개가 걸려 있는 그림 있어요? • 화장대 위에 로션이랑 빗이 있고 벽에 액자 세 개가 걸려 있는 그림 두 장 있어요.
15	1	• 옷걸이랑 사진이 있는 그림 있어요? • 옷걸이랑 사진이 있는 그림 두 장 있어요.
	2	• 옷이 걸려 있는 옷걸이랑 사진이 있는 그림 있어요? • 옷이 걸려 있는 옷걸이랑 사진이 있는 그림 두 장 있어요.
	3	• 옷걸이에 옷이 걸려 있고 벽에 사진이 붙어 있는 그림 있어요? • 옷걸이에 옷이 걸려 있고 벽에 사진이 붙어 있는 그림 두 장 있어요.
16	1	• 거울이랑 장롱이 있는 그림 있어요? • 거울이랑 장롱이 있는 그림 두 장 있어요.
	2	• 장롱 옆에 거울이 있는 그림 있어요? • 장롱 옆에 거울이 있는 그림 두 장 있어요.
	3	• 장롱 옆 서랍장 위에 거울이 있는 그림 있어요? • 장롱 옆 서랍장 위에 거울이 있는 그림 두 장 있어요.

활동 9

우리 동네 꾸미기

활동목표

- 집 완성하기 활동 중에 '-동안'이 포함된 관형절을 안은문장을 이해하고 표현할 수 있다.
- 우리 동네 꾸미기 활동 중에 관형절 속에 '-동안'이 포함된 관형절을 안은문장을 표현할 수 있다.
- 관형절 속에 '-동안'이 포함된 관형절을 안은문장을 사용해 동네 약도를 묘사할 수 있다.

목표구문

'-동안'이 포함된 관형절을 안은문장, 관형절 속에 '-동안'이 포함된 관형절을 안은문장

자료

워크북 47~52쪽의 활동지

활동방법

- 워크북의 집 그림 세트, 동작그림카드 세트, 정답카드 세트를 모두 오려 놓는다.
- 정답카드 세트는 선생님이 갖고 동작그림카드 세트와 집 그림 세트는 아동에게 준다.

- 선생님이 정답카드 중에서 한 장을 뽑아 목표언어로 말한다. '목표언어의 예–집 완성하기'를 참조한다.

  예 아빠가 신문 보는 동안 엄마는 화장을 해요.

- 아동은 집 그림 한 장을 앞에 놓은 후 목표언어를 듣고 그 내용에 해당하는 동작그림카드 두 장을 찾아 집 그림의 빈칸 위에 올려놓는다.
- 정답카드를 보여 주고 아동이 맞았는지 확인한다. 맞았으면 집 그림에 붙이고, 틀렸으면 맞는 동작그림카드로 바꾸어 붙이게 한다.
- 아동이 완성한 집 그림을 보며 목표언어로 묘사하도록 한다. 목표언어는 '목표언어의 예–집 완성하기'를 참조한다.

  예 아빠가 신문 보는 동안 엄마는 화장을 해요.

- 이와 같은 방법으로 나머지 집 그림들도 완성한다.
- 집 그림 6개를 모두 완성하면 목표언어를 듣고 지시대로 정답카드를 동네약도에 붙인다. 이때 목표언어는 '목표언어의 예–동네 꾸미기'를 참조한다.

  예 할아버지가 화분에 물을 주는 동안 언니가 동생 머리를 묶어 주는 집을 꽃집 옆에 붙이세요.

- 동네 약도를 다 완성한 후 동네를 설명하도록 한다. 목표언어는 '목표언어의 예–동네 묘사하기'를 참조한다.

  예 할아버지가 화분에 물을 주는 동안 언니가 동생 머리를 묶어 주는 집은 꽃집 옆에 있어요.

한 걸음 더!

- 집을 완성하는 활동을 할 때, 아동이 정답카드를 보고 묘사하면 선생님이 집을 완성할 수도 있다.
- 동네를 꾸미는 활동을 할 때, 아동이 정답카드를 보고 묘사하면 선생님이 동네를 꾸밀 수도 있다.

목표언어의 예-집 완성하기

1	아빠가 신문 보는 동안 엄마는 화장을 해요.
2	아이가 똥을 누는 동안 강아지가 책을 물어뜯고 있어요.
3	아이가 밥을 먹는 동안 엄마가 아기한테 우유를 줘요.
4	아빠가 젓가락으로 반찬을 집는 동안 할머니는 컵에 물을 따라요.
5	할아버지가 화분에 물을 주는 동안 언니가 동생 머리를 묶어 줘요.
6	아빠가 아이 머리를 감기는 동안 엄마가 상을 차려요.

목표언어의 예-동네 꾸미기

1	아빠가 신문 보는 동안 엄마가 화장을 하는 집을 빵집 옆에 붙이세요.
2	아이가 똥을 누는 동안 강아지가 책을 물어뜯는 집을 신발가게 옆에 붙이세요.
3	아이가 밥을 먹는 동안 엄마가 아기한테 우유를 주는 집을 우체국 옆에 붙이세요.
4	아빠가 젓가락으로 반찬을 집는 동안 할머니는 컵에 물을 따르는 집을 병원 옆에 붙이세요.
5	할아버지가 화분에 물을 주는 동안 언니가 동생 머리를 묶어 주는 집을 꽃집 옆에 붙이세요.
6	아빠가 아이 머리를 감기는 동안 엄마가 상을 차리는 집을 옷가게 옆에 붙이세요.

목표언어의 예-동네 묘사하기

1	• 아빠가 신문 보는 동안 엄마가 화장을 하는 집은 빵집 옆에 있어요. • 빵집 옆에는 아빠가 신문 보는 동안 엄마가 화장을 하는 집이 있어요.
2	• 아이가 똥을 누는 동안 강아지가 책을 물어뜯는 집은 신발가게 옆에 있어요. • 신발가게 옆에는 아이가 똥을 누는 동안 강아지가 책을 물어뜯는 집이 있어요.
3	• 아이가 밥을 먹는 동안 엄마가 아기한테 우유를 주는 집은 우체국 옆에 있어요. • 우체국 옆에는 아이가 밥을 먹는 동안 엄마가 아기한테 우유를 주는 집이 있어요.
4	• 아빠가 젓가락으로 반찬을 집는 동안 할머니는 컵에 물을 따르는 집은 병원 옆에 있어요. • 병원 옆에는 아빠가 젓가락으로 반찬을 집는 동안 할머니는 컵에 물을 따르는 집이 있어요.

5	• 할아버지가 화분에 물을 주는 동안 언니가 동생 머리를 묶어 주는 집은 꽃집 옆에 있어요. • 꽃집 옆에는 할아버지가 화분에 물을 주는 동안 언니가 동생 머리를 묶어 주는 집이 있어요.
6	• 아빠가 아이 머리를 감기는 동안 엄마가 상을 차리는 집은 옷가게 옆에 있어요. • 옷가게 옆에는 아빠가 아이 머리를 감기는 동안 엄마가 상을 차리는 집이 있어요.

활동 10

상상그림 그리기

활동목표

- 두 컷의 순서그림을 보고 '-기 전에'가 포함된 관형절을 안은문장으로 연결해 표현할 수 있다.
- 두 컷의 순서그림을 보고 '-고 나서'가 포함된 부사절을 안은문장으로 연결해 표현할 수 있다.
- 두 컷의 순서그림을 보고 '-ㄴ 후에/-ㄴ 다음에'가 포함된 관형절을 안은문장으로 연결해 표현할 수 있다.
- 세 컷의 순서그림을 보고 관형절 속에 '-고' '-서' 등의 부사절을 안은문장으로 연결해 표현할 수 있다.

목표구문

- '-기 전에'가 포함된 관형절을 안은문장
- '-고 나서'가 포함된 부사절을 안은문장
- '-ㄴ 후에/-ㄴ 다음에'가 포함된 관형절을 안은문장
- 관형절 속에 '-고' '-서' 등의 부사절을 안은문장

자료

워크북 53~54쪽의 활동지

활동방법

- 워크북에서 해당 활동지를 잘라 준비한다.
- 상상그림 그리기 ①의 경우, 오른쪽에 주어진 그림을 보고 이전의 상황을 상상해서 말한 다음 왼쪽 칸에 그리게 한다.
- 그림을 다 그린 후에 두 그림을 연결해 '–기 전에'가 포함된 복문으로 말하도록 한다. 〈목표언어의 예–'–기 전에'〉를 참조한다.
- 상상그림 그리기 ②의 경우, 그림의 왼쪽에 주어진 그림을 보고 이후의 상황을 상상해서 말한 다음 오른쪽 칸에 그리게 한다.
- 그림을 다 그린 후에 두 그림을 연결해 '–고 나서' '–ㄴ 후에' 또는 '–ㄴ 다음에'가 포함된 복문으로 말하도록 한다. 〈목표언어의 예–'–고 나서' '–ㄴ 후에' '–ㄴ 다음에'〉를 참조한다.
- 두 과제를 다 완성하고 나서 카드를 오려 그림 세 컷을 순서대로 연결해 말하도록 한다. '목표언어의 예–세 컷 그림 연결하기'를 참조한다.

한 걸음 더!

- 비어 있는 카드를 더 준비하여 여러 가지 상황을 상상하도록 유도할 수 있다.
- 그림을 연결해 말하게 한 다음 회상하기를 유도할 수 있다.

목표언어의 예 – '–기 전에'

1	엄마가 아기한테 우유를 먹이기 전에 우유를 탔어요.
2	엄마가 화장을 하기 전에 세수를 했어요.
3	엄마가 상을 차리기 전에 요리를 했어요.
4	언니가 동생 머리를 묶어 주기 전에 교복을 입었어요.

목표언어의 예 – '–고 나서, –ㄴ 후에, –ㄴ 다음에'

1	• 엄마가 아기한테 우유를 먹이고 나서 잠을 재웠어요. • 엄마가 아기한테 우유를 먹인 후에(다음에) 잠을 재웠어요.
2	• 엄마가 화장을 하고 나서 출근을 했어요. • 엄마가 화장을 하고 난 후에(다음에) 출근을 했어요.
3	• 엄마가 상을 차리고 나서 식구들이 밥을 먹었어요. • 엄마가 상을 차리고 난 후에(다음에) 식구들이 밥을 먹었어요.
4	• 언니가 동생 머리를 묶어 주고 나서 학교에 갔어요. • 언니가 동생 머리를 묶은 후에(다음에) 학교에 갔어요.

목표언어의 예 – 세 컷 그림 연결하기

1	엄마가 우유를 타서 아기한테 먹인 후에 아기를 재웠어요.
2	엄마가 세수를 하고 화장을 한 후에 출근을 했어요.
3	엄마가 요리를 해서 상을 차린 후에 식구들이 밥을 먹었어요.
4	언니가 교복을 입고 나서 동생 머리를 묶어 준 후에 학교에 갔어요.

활동 11

마임

활동목표

- '–면서'가 포함된 부사절을 안은문장을 듣고 이해하여 이를 마임으로 표현할 수 있다.
- 두 가지 동작이 표현된 마임을 보고 '–면서'가 포함된 부사절을 안은문장으로 묘사할 수 있다.
- '–고'가 포함된 부사절을 안은문장 또는 '–ㄴ 채'가 포함된 관형절을 안은문장을 듣고 이해하여 이를 마임으로 표현할 수 있다.
- 두 가지 동작이 표현된 마임을 보고 '–고'가 포함된 부사절을 안은문장 또는 '–ㄴ 채'가 포함된 관형절을 안은문장으로 묘사할 수 있다.

목표구문

- '–면서'가 포함된 부사절을 안은문장
- '–고'가 포함된 부사절을 안은문장
- '–ㄴ 채'가 포함된 관형절을 안은문장

자료

워크북 55~58쪽의 활동지

활동방법

〈마임 연습: 단문〉

- 문장카드 세트 ①, ②를 오려 섞은 후, 카드 뒷면이 위로 오게 하여 책상 가운데에 더미로 쌓아 놓는다.
- 선생님이 문장카드 중 한 장을 뽑아서 카드의 내용을 소리 내어 읽어 준 후 아동과 함께 마임으로 표현해 본다.

〈마임 게임 1: '–면서'〉

- 문장카드 세트 ③을 오려 섞은 후, 카드 뒷면이 위로 오게 하여 책상 가운데에 더미로 쌓아 놓는다.
- 선생님이 문장카드 중 한 장을 뽑아서 카드의 내용을 소리 내어 읽어 주면 아동이 이를 듣고 마임으로 표현한다.
- 선생님이 문장카드 중 한 장을 뽑아서 카드의 내용을 마임으로 표현하면 아동이 이를 보고 목표언어로 말한다.
- 아동이 글을 읽을 수 있는 경우, 문장카드 세트 ①(뒷면 번호 1~16)을 주고 뒤섞은 후 두 장을 골라 '–면서'가 들어간 문장 만들기 및 마임 활동을 한다. 이때 두 카드의 순서를 바꾸어 말해도 문장의 의미는 달라지지 않는다. 두 카드의 조합 중에는 마임으로 표현할 수 없는 비문도 있다. 이 경우 아동에게 마임으로 해 보게 하여 비문인 이유를 알게 한다.

  예 손뼉을 치면서 피아노를 쳐요.
  한 발로 뛰면서 걸어요.

〈마임 게임 2: '–고/–ㄴ 채'〉

- 문장카드 세트 ④를 오려 섞은 후, 카드 뒷면이 위로 오게 하여 책상 가운데에 더미로 쌓아 놓는다.
- 선생님이 문장카드 중 한 장을 뽑아서 카드의 내용을 소리 내어 읽어 주면 아동이 이를 듣고 마임으로 표현한다.

- 선생님이 문장카드 중 한 장을 뽑아서 카드의 내용을 마임으로 표현하면 아동이 이를 보고 목표언어로 말한다.
- 문장카드에는 자연스러운 표현인 '-고' 문장만 제시하였다. '-ㄴ 채'를 가르치고자 할 때에는 선생님이 그 부분을 바꾸어 표현한다.
- 아동이 글을 읽을 수 있는 경우, 문장카드 세트 ②(뒷면 번호 17~32)를 홀수와 짝수 카드로 나누어 홀수 카드 더미는 왼쪽에, 짝수 카드 더미는 오른쪽에 쌓아 놓는다. 이때 카드 뒷면이 위로 오게 한다. 선생님과 아동이 번갈아 가며 맨 위의 카드 두 장을 뒤집어 '-고' 또는 '-ㄴ 채'가 들어간 문장으로 말하도록 한다. 이때에는 왼쪽 카드의 동작을 먼저 말하고 오른쪽 카드의 동작을 말해야 한다. 순서를 바꾸어 말하면 문장의 의미가 달라진다. 이때 두 카드의 조합 중에는 마임으로 표현할 수 없는 비문도 있다. 이 경우 아동에게 마임으로 해 보게 하여 비문인 이유를 알게 한다.

  예 팔짱을 끼고 망치질을 해요.
  무릎을 꿇고 뛰어요.

한 걸음 더!

- 아동이 글을 읽을 수 있는 경우, 카드를 읽고 마임으로 표현하게 할 수 있다. 또는 아동이 카드를 읽고 선생님이 마임으로 표현할 수도 있다.

목표언어의 예 – '-면서'

	난이도	목표언어
1	1	• 주스를 마셔요. • 책을 읽어요.
	2	• 주스를 마시면서 책을 읽어요.
2	1	• 거울을 봐요. • 화장을 해요.
	2	• 거울을 보면서 화장을 해요.

3	1	• 웃어요. • 인사해요.
	2	• 웃으면서 인사해요.
4	1	• 한 발로 뛰어요. • 만세를 해요.
	2	• 한 발로 뛰면서 만세를 해요.
5	1	• 하품을 해요. • 기지개를 켜요.
	2	• 하품을 하면서 기지개를 켜요.
6	1	• 전화를 해요. • 걸어요.
	2	• 전화를 하면서 걸어요.
7	1	• 손뼉을 쳐요. • 발을 굴러요.
	2	• 손뼉을 치면서 발을 굴러요.
8	1	• 피아노를 쳐요. • 몸을 흔들어요.
	2	• 피아노를 치면서 몸을 흔들어요.

목표언어의 예–'-고/-ㄴ 채'

	난이도	목표언어
1	1	• 얼굴을 찌푸려요. • 뛰어요.
	2	• 얼굴을 찌푸리고 뛰어요. • 얼굴을 찌푸린 채 뛰어요.
2	1	• 눈을 감아요. • 걸어요.
	2	• 눈을 감고 걸어요. • 눈을 감은 채 걸어요.
3	1	• 입을 벌려요. • 잠을 자요.
	2	• 입을 벌리고 잠을 자요. • 입을 벌린 채 잠을 자요.

4	1	• 팔을 벌려요. • 훌라후프를 해요.
	2	• 팔을 벌리고 훌라후프를 해요. • 팔을 벌린 채 훌라후프를 해요.
5	1	• 팔짱을 껴요. • 빙글빙글 돌아요.
	2	• 팔짱을 끼고 빙글빙글 돌아요. • 팔짱을 낀 채 빙글빙글 돌아요.
6	1	• 주머니에 손을 넣어요. • 공을 차요.
	2	• 주머니에 손을 넣고 공을 차요. • 주머니에 손을 넣은 채 공을 차요.
7	1	• 고개를 옆으로 돌려요. • 악수를 해요.
	2	• 고개를 옆으로 돌리고 악수를 해요. • 고개를 옆으로 돌린 채 악수를 해요.
8	1	• 무릎을 꿇어요. • 망치질을 해요.
	2	• 무릎을 꿇고 망치질을 해요. • 무릎을 꿇은 채 망치질을 해요.

참고문헌

김영태, 홍경훈, 김경희, 장혜성, 이주연(2009). 수용 · 표현 어휘력검사(REVT). 서울: 서울장애인종합복지관.

김정미, 윤혜련, 이윤경 역(2008). 언어와 읽기장애. 서울: 시그마프레스.

배소영, 임선숙, 이지희, 장혜성(2004). 구문의미 이해력 검사. 서울: 서울장애인종합복지관.

윤혜련, 이지희(2007). 소그룹 언어치료의 이론과 실제. 서울: 서울장애인종합복지관.

이봉원(2008). 언어치료사를 위한 한국어문법. 학교기업 나사렛언어청각센터.

Owens, R. E. (2004). *Language disorders: A functional approach to assessment and intervention* (4th ed.). Boston: Allyn & Bacon.

Paul, R. (2007). *Language disorders from infancy through adolescence: Assessment and intervention.* St. Louis: Mosby.

저자 소개

윤혜련

이화여자대학교 문리대학 졸업

이화여자대학교 대학원 특수교육학 석사

이화여자대학교 대학원 언어병리학 박사

전) 이화여자대학교, 연세대학교, 나사렛대학교, 명지대학교 대학원 언어치료학과 겸임교수

한국언어장애전문가협회, 한국언어청각임상학회 총무이사 및 상임이사

현) 윤언어교육원 원장, 연세대학교 대학원 언어병리학 협동과정 겸임교수

1급 언어치료사

저 · 역서: 의사소통장애의 이해(공저, 학지사, 2010)

소그룹 언어치료의 이론과 실제(공저, 서울장애인종합복지관, 2008)

언어와 읽기장애(공역, 시그마프레스, 2008)

영 · 유아 언어발달 검사(SELSI)(공저, 도서출판 특수교육, 2003)

양수진

이화여자대학교 영어영문학과 졸업

이화여자대학교 대학원 언어병리학 석사

현) 윤언어교육원 언어치료사, 나사렛대학교 언어치료학과 출강

1급 언어치료사

저서: 재미있는 듣기 연습(공저, 군자출판사, 2004)

오세나

나사렛대학교 언어치료학과 졸업

단국대학교 대학원 언어치료학 석사과정 수료

현) 윤언어교육원 언어치료사

2급 언어치료사

이경아

서울대학교 졸업

이화여자대학교 대학원 언어병리학 석사

전) 아트박스 출판사 편집부 근무

덕암출판 편집부 근무

현) 윤언어교육원 언어치료사

1급 언어치료사

언어발달 촉진 프로그램

민이네 아침 풍경

❶ 활동지침서

2012년 8월 10일 1판 1쇄 발행
2018년 4월 20일 1판 3쇄 발행

지은이 • 윤혜련·양수진·오세나·이경아
펴낸이 • 김 진 환
펴낸곳 • (주) 학지사
04031 서울특별시 마포구 양화로 15길 20 마인드월드빌딩 5층
대표전화 • 02) 330-5114 팩스 • 02) 324-2345
등록번호 • 제313-2006-000265호
홈페이지 • http://www.hakjisa.co.kr
페이스북 • https://www.facebook.com/hakjisabook

ISBN 978-89-6330-933-0 94370
978-89-6330-932-3 (set)

정가 **15,000원**